Roger Willemsen
„Die Deutschen sind immer die anderen"

Roger Willemsen

„Die Deutschen sind immer die anderen"

Künstler sehen Deutschland. 40 Gespräche

Mit Fotos von Detlev Schneider

Henschel

Sie können uns 24 Stunden am Tag erreichen unter:

http://www.henschel-verlag.de
http://www.dornier-verlage.de

Die Deutsche Bibliothek – CIP-Einheitsaufnahme
Ein Titeldatensatz für diese Publikation ist bei der
Deutschen Bibliothek erhältlich.

ISBN 3-89487-390-6

Redaktion: Susanne Van Volxem
Umschlaggestaltung: Designbureau Di Stefano, Berlin
Titelbilder: Detlev Schneider, Berlin
Layout: Günter Hennersdorf
Satz und Litho: LVD GmbH, Berlin
Druck und Bindung: Messedruck Leipzig
Printed in Germany

Gedruckt auf alterungsbeständigem Papier mit
chlorfrei gebleichtem Zellstoff.

Inhalt

Der Deutsche

Periodisch, mit Anlass oder ohne, an Tagen nationaler Erhebung und zu Gedenktagen, zuletzt fünfzig Jahre nachdem die Alten vom Petersberg herabstiegen und dem Volk die Grundgesetzestafeln offenbarten, tritt der Deutsche vor sich selbst und konzentriert noch einmal alle Kräfte der Selbstkritik auf die deutsche Lieblingsfrage: Was ist meine nationale Identität? Der Einwohner Burkina Fasos kennt eine solche Frage nicht, und erklären Sie mal einem Senegalesen, er sei nicht identisch mit sich! Entweder steht diese Frage also nur erklärten „Kulturnationen" zu oder sie ist ein Zeichen von Dekadenz. Der Deutsche weiß zwar offenbar nie, wer er ist, dafür aber steht er dauernd vor dem Spiegel und genießt, wie wenig er sich gefällt. Das war immer so, ist es also „deutsch"?

Als das Zeitalter „Romantik" hieß, war auch der Deutsche romantisch, und weil er sich in seiner Haut schon damals so unwohl fühlte wie in seinem Land, wurde er erst Meister der Sehnsucht, später Florist der Blauen Blume. Er besitzt einfach das Talent, aus jedem Mythos einen Markt zu machen, und so war denn auch der Titel „Volk der Dichter und Denker" nur ein zündender PR-Einfall, für den man heute so viel hinblättern müßte wie für die Markteinführung einer Tütensuppe. Vielleicht ist aber das Sehnen und Schmachten auch nur Ausdruck eben jenes starken Widerwillens, den der Deutsche gegen sich selbst hegt und der ihm immer wieder ein Motiv bietet, sich von sich selbst wegbewegen zu wollen, mal im Schnupper-Imperialismus, mal in der Landoffensive der Gruppenreise. Oh ja, er kennt „das Land, wo die Zitronen blühen", denn er hat sein Badehandtuch dort schon einmal ausgerollt, und er fühlt sich auch nirgends so deutsch wie in Arkadien. Aber eines Tages tritt er im abruzzischen Hochland vor ein Denkmal, das die italienische Flagge zeigt. Auf die drei Farbflächen hat der Künstler die Worte gemeißelt: „Mamma Pace Patria", und der Deutsche erbleicht: Den Spaß an der Mutter haben ihm erst Freud, dann Hitler verdorben, für den Frieden bringt er selbst in Kriegszeiten eine eher rhetorische Leidenschaft auf, und das Vaterland hat er sich abgewöhnt. Übriggeblieben ist jener nationale Sperrbezirk, den man erst einmal gegen die Außenwelt definieren muß, damit klar ist, wer nicht hineingehört, und den man anschließend mit der berauschenden Substanz der sogenannten „nationalen Identität" anfüllt. So lautet der Terminus technicus für die Gewissheit: Mir san mir. Dieses Gefühl eines über alle Kritik und allen Zweifel erhabenen Einverständnisses mit sich selbst steht nicht im Widerspruch zur deutschen Selbstverachtung, vielmehr ist es ihr Ausdruck. Dieses Gegen-alle-Widersprüche-an-sich-Festhalten macht den Deutschen im Grunde undurchlässig für Kritik. Es bildet den wolkigen Untergrund für die Neigung, den Politikersatz „Wir haben ein Ausländerproblem."

zu beantworten mit dem Kampfruf „Ausländer raus!".

„Ich bin ein Deutscher", sprach ehemals Richard von Weizsäcker, „wie ein Franzose ein Franzose ist oder ein Russe ein Russe", oder andernorts in einer verbesserten Fassung „oder wie ein Italiener ein Italiener. […] Wäre ich ein Spanier und lebte im 18. Jahrhundert, so wäre ich nicht der, der ich nun mal bin." Der Deutsche liebt solche Großtaten der rhetorischen Selbstfindung, denn er sieht die nationale Identität gern als ein quasi-medizinisches Phänomen. Wem sie abgeht, der ist irgendwie bedenklich oder anderweitig zu berücksichtigen. Deshalb muss ein Präsident klar und heilsam von der nationalen Identität sprechen: Die Nation ist die Gruppe, der Präsident ihr Therapeut, er beaufsichtigt die Volksgesundheit. Deshalb verstößt die Nation im Grunde noch heute gerne die übernational Denkenden und kultiviert den Ausdruck der Künstler und Intellektuellen als „vaterlandslose Gesellen".

Wenn dieses Land aber aus historischen Gründen das geringste nationale Identifikationspotential besitzt, vielleicht hätte hier eine Kultur ohne Primat des Nationalen entstehen können, ohne dichtenden Hirtenhund, der nur um die Schafe läuft, um ihnen das Gefühl einer Herde zu geben! Vielleicht hätte sich dieses Land durchlässig zeigen können für die Arbeit der Fremden, für ihre Anstrengungen, uns zu verstehen, uns Kontur zu geben, an unserer „Identität" mitzuarbeiten. Vielleicht hätte sich in dieser Anstrengung unsere „Identität" als nicht-identisch erweisen können, als Einheit des Disparaten. Stattdessen muß man es dem Deutschen mit Menschen- und mit Präsidentenzungen sagen, daß es normal ist, ein Deutscher zu sein, und so wurde Schröders Lieblingswort „Normalität" zum Sakrament der Nation. Wir sind normal – wenn das kein Therapieerfolg ist!

Die Deutschen seien endlich wieder ein Volk unter Völkern, so argumentierte auch Martin Walser gegen Ignatz Bubis, sie bräuchten einen normalen Patriotismus, ein gesundes Selbstbewußtsein. „Ich bin ganz dieser Meinung", folgerte Ivan Nagel raffiniert. „Und ich träume von dem späten Abend, an dem nach reichlicher Sauferei die Mehrheit einer Skinhead-Gruppe ihren Kameraden sagt: ‚Als Magdeburger oder Hamburger, besser noch: *als Deutscher* kann ich nicht mit Baseballschläger und Klappmesser auf einen Ausländer losgehen.'" Das würde ich deutsches Selbstbewusstsein, das: Patriotismus nennen. Vorerst suche ich die Wurzeln einer solchen möglichen, hoffentlich

künftigen Gemeinsamkeit in der Erinnerung, die nicht im einsamen Gewissen, sondern allein in der Gemeinschaft leben, sich erhalten kann. Die Erinnerung der Gemeinschaft heißt Geschichte."

Demgegenüber haben die öffentlichen Kanzelreden, Leitartikel und politischen Kommentare wenig mehr anzubieten als das zähe Ringen um die, auch ökonomisch vorteilhafte, „Normalität". Auf diesen Indifferenzpunkt aber hat den Deutschen nicht der Weltgeist gspült und nicht der Prozess der Aufklärung, und auch wenn über die Hälfte aller Deutschen in ihrem Leben irgendwann mal Lehrer sind, verdanken sie ihren heutigen Zustand weniger der Erziehung als vielmehr der Ironie.

Ehe sie das Richtige meinen könnten, wollen sie inzwischen nämlich lieber nichts gemeint haben. Die Deutschen sind längst ein zutiefst ironisches Volk. Irgendwann hat sich ihre Trauer, die Bitterkeit, die sie vermitteln, zu Ironie sublimiert. Sie vertreten weniges wirklich und nehmen an nichts echten Anstoß, sie haben zu „Weltschmerz", „Innerlichkeit" und all den anderen Attrappen alter deutscher „Seele" längst ein uneigentliches Verhältnis. Sie sind nicht sentimental, sondern pragmatisch und werden für keine Überzeugung je wieder untergehen.

Die Deutschen sind ein phantasiebegabtes Volk. Davon spricht ihre Kulturgeschichte vernehmlich. Die Phantasie aber ist das Medium der Verunsicherung, und ach, das Chaos lauert überall. Der Deutsche liebt dieses Chaos so sehr, daß er sich dauernd damit beschäftigt, es einzudämmen oder zu verwalten. Deshalb rechtfertigt er auch seinen Verordnungswahn als eine Art Festlegung von Teilnahmebedingungen am Leben und liebt doch weder das Gesetz selbst noch den Gesetzesverstoß, sondern vor allem die Chance, die Übertretung zu ahnden. In jeder Übertretungszone schläft eine Strafmaßnahme. Weh dem, der den „Diskretionsabstand" verletzt! Der Wohlstand hat die Bequemlichkeit militant werden lassen. Und so bekämpft der Deutsche auch die Unord

nung in sich selbst. Er organsiert Erholung wie einen Wettbewerb und Genuß wie einen Kampfsport. Er befindet sich als Vertreter einer Verlierermacht noch dauernd auf dem Weg zum Sieg. Ja, er lebt, als stünde er unverändert im Wiederaufbau, als müsse er streng sein und diszipliniert, müsse überleben, ein Auskommen haben und sich gegen Neidfutterer durchsetzen. Ebenso bekämpft er die Unordnung, die Entgrenzung, Graffiti, den Eros des Verfalls wie des Unökonomischen. Er kämpft um Komfort und um eine klinische Außenwelt, kämpft mit der moralischen Energie einer Protestbewegung. So ist es ihm auf dem Weg zur Erfüllung seiner nunmehr hauptsächlich materiellen Lebensziele allmählich sogar gelungen, sich von seinen eigenen Interessen zu emanzipieren. Eher als jeder europäische Nachbar scheint er bereit, auf Freiheiten zu verzichten, die er nicht errungen, aber offenbar auch nie wirklich genossen hat. Allein für die siebenundvierzig Opfer der RAF im „Heißen Herbst" hat der Deutsche auf mehr Persönlichkeitsrechte verzichtet, als selbst Margaret Thatcher angesichts mehrerer tausend IRA-Opfer in England anzutasten bereit gewesen wäre. Das Wort „freiheitlich" wirkt auf den Deutschen mit Placebo-Effekt: Er braucht die Freiheit wahrscheinlich nicht, um sich freiheitlich zu fühlen.

Vielleicht kennt er, der sich im Nationalsozialismus selbst um das Grundrecht auf Vaterlandsliebe brachte, eben keinen nationalen, eher einen DAX-Patriotismus. Immerhin liegt ja auch die größte politische Kontinuität in Deutschland weniger in der politischen Historie als in den Firmengeschichten, und so dankt es das Land seiner Wirtschaft, daß ihr durch ökonomischen Erfolg die Resozialisierung des Made-in-Germany-Deutschen in der Völkergemeinschaft gelungen ist.

Also kennt dieser Deutsche, wie Oscar Wilde gesagt hätte, den Preis von allem, aber den Wert von wenigem und verhält sich rätselhaft folgsam, wenn es darum geht, den Wirtschaftsdaten die eigenen Wünsche unterzuordnen. Ihm ist die zügigste Kommerzialisierung seines kulturellen Lebens gelungen. Aber offenbar konnte er Know-how nur gewinnen, indem er Know-why verlor. Wenn ihm also jemand erklärt, Fernsehfilme, die bei Nacht spielen, haben schlechtere Einschaltquoten, so wird der Deutsche sofort bereit sein zu sagen: Schluss mit dem arroganten Dünkel aller, die glauben, ihre Persönlichkeit durch Betrachtung von Nachtfilmen entfalten zu können! Wenn man ihm sagt, die Weltausstellung schreibt rote Zahlen, dann wird er sofort die Inhalte vergessen und ins Spalier der Buchhalter treten. Wenn man ihm sagt, Lyrik verkauft keine Bücher, dann wird er entdecken, wie wenig Poesie er noch im Herzen hat. Auf diese Weise wurde die Abstimmung durch den Konsum zu einem Angriff auf demokratische Minderheiten. Der Markt macht Genres und Gattungen, Sprech- und Gestaltungsformen den Garaus und er ersetzt auch die Zensur.

Der Deutsche wurde lieber zu einem Opportunisten des Reingewinns. Die einzige Demokratie, für die er inzwischen herzlich fühlt, ist die Demokratie des Konsums. Indem er seine Stimme einem Produkt gibt, erhält er es auf dem Markt, und was sich dort nicht hält, verreckt zu Recht. Nun wäre aber „Penthesilea", wie Gottfried Benn einmal anmerkte, nie geschrieben worden, hätte man vorher darüber abgestimmt.

Leb also wohl, Penthesilea, vielleicht liegt es an deinem Aszendenten, vielleicht an der falschen Zielgruppe oder dem fehlenden *unique selling point*, aber wir leben hier, trotz anderslautender Beteuerungen, nicht zum Vergnügen, nicht in einem Wohlfahrtsstaat und nicht in einer Leistungs-, sondern in einer Erfolgsgesellschaft. Wir hassen den Misserfolg wie einen Charakterfehler – auch wenn der größte Teil unserer bisherigen Kultur unter diesem Gesichtspunkt ein Misserfolg ist. Wir lesen nicht Shakespeare und Seneca, sondern „Shakespeare für Singles" und „Seneca für Gestresste", wir übersetzen das Sinnvolle ins Nützliche und unterwerfen so auch das kulturelle Prinzip der Induviduation dem Gesetz demokratischer Marktbehauptung. Aus der Frage „Wer bin ich?" wurde „Was hab ich davon?".

Das muss man verstehen. Der Deutsche hat die Demokratie noch nicht lange und nicht aus freien Stücken. So wendet er sie denn blindlings so lange auf jede geistige Regung an, bis keine mehr da ist. Im Grunde findet er die Demokratie gar nicht so schlecht, besser jedenfalls als die Versuche, auch noch Gebrauch von ihr zu machen.

So steht er also da, dieser Deutsche, am Ende eines weitgehend vermasselten Jahrhunderts, feiert Goethe und Grundgesetz, feiert Nato und nationale Erweckung in der „Berliner Republik". Eigentlich ist er nun endlich angekommen, in der neuen Republik und dem neuen Regierungssitz, im neuen Militärbund und im neuen Selbstbewusstsein, und trotzdem wirkt er immer noch enttäuscht und irgendwie unglücklich in einem Leben, das ihm offenbar insgesamt als Zumutung erscheint. Vielleicht weil es ihm noch immer hartnäckig jede Gelegenheit verweigert, einmal mit Inbrunst auszurufen: „Mamma! Pace! Patria!"

Doch weil das so ist und weil sich die Hoffnung auf die sogenannte Berliner Republik nicht mit dem Kampfbegriff der „Leitkultur" decken lässt, ruht diese Hoffnung zu großen Teilen auf den Schultern von Dissidenten und Exilierten, von Menschen, die im Asyl leben oder die ihre Seßhaftigkeit aufgegeben haben, und die ihre Erfahrung und ihren Ausdruckswillen mitbrachten.

Es gibt einen tiefen Zusammenhang zwischen allen, die ihr Geburtsland hinter sich gelassen haben, um in der Fremde als Fremde zu leben. In diesem Gefühl der Nicht-Zugehörigkeit zu dem Land, in dem sie leben, und der Verantwortung für das Land, das sie verliessen, um jetzt dauernd mit ihm konfrontiert zu werden, in diesem Gefühl verständigen sich die ausländischen Künstler in Deutschland mit den deutschen Künstlern im Ausland, die ich im Rahmen des hier dokumentierten Projekts befragt habe. Die Gespräche konnten wir hier nicht alle und zum Teil auch nur in gekürzter Form wiedergeben, doch deutlich wird: Beide Gruppen blicken auf dieses Land, geprägt von der Erfahrung der Fremde. In ihrer Annäherung an Deutschland wurden beide Seiten oft geleitet von Biografien voller Verzweiflung oder der Empfindung von Un-Zugehörigkeit oder Entwurzelung. Zugleich haben solche künstlerisch begabten Menschen dem Land viel zu geben: In diesem Fall sind es die Schärfe, der Nuancenreichtum ihrer Beobachtungen, die Großzügigkeit ihrer Zuneigung, der Mut wie der Sachverstand ihrer Kritik.

„Welcome Home – Künstler sehen Deutschland" – so der ursprüngliche Titel der Installation auf der EXPO 2000, die ab Frühjahr 2001 in deutschen Museen ausgestellt wird – war der Versuch, Künstlern ein ideelles Zuhause in einem Diskurs über Deutschland zu geben. Der Leiter des Kulturprogramms für den Deutschen Pavillon, Peter Baumgardt, hat das Projekt angeregt und gefördert, Michael Simon hat die künstlerische Installation erdacht und realisiert. Ihnen, wie meiner unermüdlichen Redaktion, danke ich von Herzen. Mein besonderer Dank aber gilt allen Befragten.

Roger Willemsen

Ute Lemper

Sängerin und Schauspielerin

Ute, du lebst in New York. Wie sieht Deutschland von New York aus aus?

Deutschland ist erst mal weit weg. Was da übrig bleibt, sind eigentlich Erinnerungen und Klischee-Urteile. Aber es gab immer zwei Dinge für mich: Es gab Deutschland, und es gab Berlin. Genauer gesagt: das Westberlin der achtziger Jahre. Seit dem Fall der Mauer verschiebt sich daher mein Berlin-Bild etwas. Gerade meine Generation betreffend, ist Deutschland für mich Ausdruck eines bestimmten Gerechtigkeitssinns. Ich meine damit Leute, die auf die

Straße gehen, ihre Wasserspritze rausholen und sofort losbrüllen: „So läuft's nicht, ja? Das könnt ihr mit uns nicht machen!", wenn sie irgendwas zu protestieren haben oder Ausländerfeindlichkeit wahrnehmen. Die Toleranzgrenze, wenn es um Gerechtigkeit geht, ist in Deutschland eigentlich ganz gesund.

Zumindest, wenn ich es mit anderen Ländern vergleiche. Und in Amerika ist sowieso alles extremer, da ist alles fanatischer oder langweiliger oder katholischer oder religiöser oder verfressener oder gewalttätiger oder sexueller.

Du lernst auf deinen Reisen, auf den Tourneen vor allen Dingen, Deutschland auch in der Provinz kennen. Lässt sich dieses Deutschland in der Provinz unterscheiden von dem Deutschland Berlins?

Die deutsche Provinz lerne ich auf meinen Touren nicht kennen, ich gehe ja nicht nach Bad Salzuflen *(lacht)*! Bei mir sind Berlin, Hamburg, München und Köln auf der Liste. Das sind sowieso meine Lieblingsstädte, an den Süden muss ich mich noch immer etwas gewöhnen. Aber ich *kenne* die Provinz. Ich komme ja aus Münster, meine Oma kommt aus Sendenhorst, ich bin in Handorf zur Schule gegangen, aus Glandorf kommt mein Opa – also richtig schönes Kleinbürgertum. So wie früher bei Ekel Alfred! Alles Stänkerer, immer müssen sie nörgeln, es gibt überhaupt keine Toleranzgrenze; wenn einer anders aussieht oder nur 'nen anderen Lockenwickler auf dem Kopf hat, muss das schon kommentiert werden ... Ja ja, das waren die Sechziger-, Siebziger-Jahre-Kleinbürgerszenen, an die kann ich mich noch gut erinnern *(lacht)*.

Die deutschen New Yorker, die also sozusagen im Exil leben, sind unheimlich cool drauf. Die lieben New York, gehen zwar ab und zu nach Deutschland zurück, aber sie lieben diese wahnsinnige Freiheit und dieses Nicht-Existieren von Normen in New York. Da gibt's einfach

keine Norm, die dir sagt: „So musst du reden, damit du gesellschaftlich akzeptiert wirst! So musst du dich anziehen, so musst du kommunizieren, so musst du fordern, so musst du ablehnen …". In New York macht jeder alles so, wie er will und wie es seine kulturelle Herkunft oder seine Stimmung gerade vorgibt. Es gibt hier auch nicht dieses typische Bürgertum, das wir aus Deutschland kennen, die Leute kommen ja von überall her und haben die verschiedensten Akzente. Und alle rennen mit dem Tempo der Stadt. Wenn du übern Broadway gehst, musst du praktisch doppelt so schnell laufen, wie du am Alsterufer entlangschlendern würdest. Alles passiert in einem enormen Tempo, mit einer Zielrichtung, alle wollen irgendwohin. Dazu gehört auch dieses wahnsinnige Gefühl von Freiheit und Chuzpe – was natürlich auch negative Seiten hat und in Ignoranz ausarten kann. Du triffst zum Beispiel ständig auf Obdachlose, aber scherst dich praktisch kaum noch drum. Aber New York hat einfach einen unheimlichen *groove*, den man wahrscheinlich nur beurteilen kann, wenn man da lebt. Und es gibt eben keine Regeln, keine Etikette, keiner sagt dir: „Achte auf deinen Ruf!" Mein Gott, wie oft hat man das früher gehört!

Gibt's eine deutsche Tradition, in die Ute Lemper gehört und mit der sie sich verwandt fühlt?

Ich glaube, dass man als Deutscher an der Existenz im philosophischen Sinne, im destruktiven und im konstruktiven Sinne, manchmal etwas tiefer gräbt als andere. Immer ist da dieser Durst und dieses Verlangen nach Kreativität, dieses Bedürfnis, sich in die Tiefe der Seele hineinzustürzen und da herumzukratzen, bis es blutet. Ich glaube, das ist etwas sehr Deutsches. Was in mich immer wieder

hineininterpretiert wird, ist auch dieses Element des Mysteriösen, dieses Image einer androgynen Powerfrau, der man Beziehungen zu Männern *und* Frauen unterstellt, die man im Grunde aber für eine Einzelgängerin hält. Wie bei Marlene Dietrich, die galt ja auch immer als Femme fatale. Das lieben die Ausländer, dieses Image in die deutschen Frauen hineinzuinterpretieren! Manchmal macht es Spaß, sich damit auseinander zu setzen und auf der Bühne mit diesem Klischee zu spielen, aber mit meinem Privatleben hat das nichts zu tun.

Empfindest du dich im Augenblick als Frau im Exil?

Wenn ich ganz ehrlich sein muss, würde ich sagen: ein bisschen. Ich habe schon das Gefühl, dass ich vor zehn Jahren in gewisser Weise aus Deutschland rausgeekelt wurde. Natürlich nicht aus politischen Beweggründen, aber mit den Dimensionen, die schon immer bei Künstlern angewandt wurden, die eben nicht „reinrassig" sind.

Kannst du beschreiben, wie das Exil dich verändert hat?

Erst einmal ist da das Gefühl von Freiheit, ich lebe ja jetzt da, wo ich leben möchte. Nach den Jahren in Paris und London ist New York schon so etwas wie eine Endstation. Aber meine Wurzeln habe ich mittlerweile eigentlich überall, ich kann mich in London, in Paris, in New York

und auch in Deutschland zu Hause fühlen. Das hängt natürlich auch mit meinem Beruf zusammen, mein Arbeitsfeld ist sehr international. Schau dir die letzte Platte an: Australien – Nick Cave; Irland – Elvis Costello und Devine Comedy; USA – Scott Walker und Philip Glass. Briten sind auch drin, also im Grunde die ganze internationale Szene. Das ist ja das Tolle an Kultur, dass man einfach dieses ganze Nationalitätending ablegen kann und sagt: „Hallo, lass uns mal was zusammen machen! Lass uns mal unsere Hintergründe zusammenbringen!"

Hast du manchmal das Gefühl, dass du mit der Tatsache, deutsch zu sein, im Ausland stärker konfrontiert wirst als im eigenen Land? Also, dass du eher legitimieren musst, was in Deutschland passiert?

Meine Karriere im Ausland begann mit meinen Interpretationen von Tucholsky-Texten, also Liedern, die jüdische Komponisten der zwanziger Jahre komponiert hatten, die später von den Nazis aus Deutschland gejagt worden sind.

Als ich dann auf dem Jerusalem-Festival ein Konzert gab, hat sich ein Kreis geschlossen, da wusste ich: Ich bin hier nicht nur Ute, die jetzt diese Lieder singt, sondern ich bin Deutsche, die diese Lieder singt. Zwar geboren erst Anfang der sechziger Jahre, eine völlig andere Generation und fünzig Jahre später, aber trotzdem hatte ich das Bedürfnis zu zeigen: „Leute, wir beschäftigen uns damit!"

Hast du in Israel Fragen beantworten müssen?

Ja, wobei die Juden in Israel viel cooler drauf waren als die in Amerika. Da ist das Thema noch viel heikler. In Israel arbeiten sie ganz viel mit Deutschen, mit Komponisten und so. Aber komischen Fragen und Vorurteilen musste ich trotzdem begegnen.

Ressentiments auch?

Nicht mir persönlich gegenüber, sondern gegen das Deutschtum. Die Engländer zum Beispiel haben eine völlig übertriebene Vision der Deutschen. Da ist jede Karikatur ein Nazi-Offizier, der irgendwie herumwütet und im Hitler-Ton spricht! Problematisch für mich war, dass ich mich solchen Dingen gegenüber von der Gesellschaft nicht vorbereitet fühlte. Da wurde ja nur Hitler als historische Figur betrachtet. Ich habe dann erst mal angefangen, Bücher zu lesen: übers Ghetto in Łódź, über den Holocaust,

über den Antisemitismus der Kirche – wie die mit ihren Kirchensprüchen den Hass in die Leute reinplatziert und behauptet haben, die Juden hätten die Christen und Kinder umgebracht und so weiter, wie einfach Antisemitismus in die Deutschen reingedrückt wurde, die das natürlich willenlos annahmen und froh waren, ihre Opfer gefunden zu haben … Man muss sich von der Wurzel her damit beschäftigen und wieder und wieder fragen, wie das passieren konnte, dass so eine Zivilisation, eine solche Kultur es fertig gebracht hat, Mitmenschen wie die letzten – ja, nicht mal Tiere – wie die letzte Scheiße zu behandeln, sie zu malträtieren, zu entwürdigen. In mir ist eine tiefe Trauer darüber. Das hat noch nicht mal etwas damit zu tun, dass ich mit einem Juden verheiratet bin und meine Kinder halbjüdisch sind. Allein zu wissen, dass dein Land so etwas vor nur knapp sechzig Jahren gemacht hat! Ich möchte, dass mehr Deutsche so denken und sich nicht darauf zurückziehen, dass sie sagen: „Ja, wir hatten ja auch Krieg, ich hatte auch Alpträume, ich musste auch in den Keller, und die Tiefflieger kamen." Das ist alles nicht zu vergleichen mit dem Holocaust.

Sprichst du auch mit New Yorker Juden über dieses Thema?

Natürlich, wir sprechen ständig darüber. Die Familie meines Mannes ist religiös, und immer wenn die sich an Feiertagen treffen, wird aus der Thora gelesen. Und dann kommt auch immer wieder das Gespräch auf den Holocaust und andere Pogrome. Freunde meiner Schwiegermutter haben noch die Nummern auf dem Arm, aus Auschwitz oder Theresienstadt. Und irgendwann, in sehr baldiger Zukunft, werde ich meinem sechsjährigen Sohn beibringen müssen,

dass die Deutschen sechs Millionen Juden umgebracht haben. Ich fürchte, das wird er nicht kapieren – dass Mamas Land die Leute aus Papas Land umgebracht hat und sein Volk aus der Geschichte ausradieren wollte. Komisch, nicht?

Was repräsentiert für dich Deutschland?

Gott sei Dank nicht mehr Helmut Kohl *(lacht)*! Für mich ist Deutschland immer noch der Flohmarkt in Berlin, wo's die Ledermäntel gibt und die Lederstiefel und verrückte Möbel und Lampen. Und dann ist Deutschland so etwas seltsam Abstraktes und Kühles wie Düsseldorf, also Marmorböden, Kaschmirpullover, Luxusautos, alles luftdicht und kugelsicher abgeschlossen, eine funktionierende Business-Elite. Und Deutschland bedeutet für mich ein unheimlicher Mut zu Sexualität. Was du hier im Fernsehen siehst, das siehst du nirgendwo anders auf der Welt. Das finde ich auch ganz gut *(lacht)*.

Heinz Berggruen

Autor und Kunstsammler

Herr Berggruen, was verbinden Sie mit dem Ausdruck „deutsche Kunst"?

Mit dem Ausdruck „deutsche Kunst"? Kunst, die in Deutschland geschaffen wird. Kann man damit mehr verbinden?

Gibt es etwas Innerliches an dem, was man deutsche Kunst nennt?

Die Verinnerlichung, die man bei Dürer findet – das ist, wenn man so will, in einem guten Sinn sehr deutsch. Und auch die Akribie, mit der Thomas Mann die Gesellschaft betrachtet. Diese Akribie ist bis zu einem gewissen Grade sehr deutsch. Und das ist positiv.

Finden Sie es bezeichnend für die Deutschen, dass das meistaufgehängte Bild in deutschen Wohnzimmern die „Betenden Hände" von Dürer sind?

Ja, das erscheint mir logisch – die Verinnerlichung, die Intensität des Ausdrucks – das ist schon richtig. Dürer ist überhaupt für mich der stärkste Ausdruck deutscher Kunst. Ich würde sagen, auch Mozart, aber Mozart ist ja kein Deutscher, Mozart ist Österreicher. Ansonsten schon.

Trotzdem hat man das Gefühl, dass bei den Dingen, die Sie gesammelt haben – Braque, Cézanne, Miró – die Deutschen fehlen. Gab es keine Epoche in der deutschen Kunst, die Sie besonders interessiert hat?

Interessiert hat mich die deutsche Kunst der Moderne schon sehr, also die Expressionisten, aber ich hatte relativ wenig Zugang zu ihnen. Wenn ich diesen Zugang gehabt hätte, hätte ich wohl sehr viel mit bestimmten deutschen Expressionisten getan. Vor allem mit einem von ihnen, den ich ausgesprochen schätze und bewundere: Ernst Ludwig Kirchner. Für mich ist er von allen der Eindrucksvollste. Und dann Beckmann. Und das war's schon.

Schmidt-Rotluff, Pechstein, Heckel?

Das ist alles in Ordnung, aber für mich hat es nicht den Stellenwert, den eben Kirchner vor allem, aber auch Beckmann haben.

Nun ist bezeichnenderweise unter all den Namen, die wir eben genannt haben, keiner, der nicht zur so genannten entarteten Kunst des Dritten Reichs gehört hätte. Erinnern Sie sich, wann Sie den Ausdruck „entartete Kunst" zum ersten Mal gehört haben?

Zum ersten Mal gehört habe ich diesen schrecklichen Ausdruck kurz nachdem ihn die Nazi-Propaganda-Maschine – und die war ja sehr intensiv – in die Welt hinausposaunt hatte: „Wir wollen keine entartete Kunst mehr! Wir wollen die Kunst reinigen, wir wollen die Kunst säubern! Wir wollen die Kunst wieder zu hehren, h e h r e n Zielen bringen!" Und das haben die ja getan, wie man weiß, in der grauenhaftesten Weise. Arno Breker und Konsorten …

Das heißt, Ihr Herz schlug eigentlich für die „entartete Kunst" …

Ja, das konnte gar nicht anders sein. Und es war so ungeheuer töricht und engstirnig und alles Wirkliche verkennend, dass man überhaupt die Vorstellung von entarteter Kunst schuf! Interessanterweise – zumindestens sehe ich das so – spricht man aber nicht von „entarteter Kunst" in der Literatur. Obwohl es natürlich die Bücherverbrennungen gab, bei denen alle Werke jüdischer Schriftsteller, wie Alfred Döblins wunderbarer „Alexanderplatz", verbrannt und vernichtet wurden. Eine grausige Manifestation von Unfug und von Ungeist! Aber der Ausdruck „entartete Kunst" war spezifisch auf bildende Kunst bezogen. Interessant …

Sie sind 1914 geboren und haben Ihre Kindheit in Berlin verbracht. Haben Sie Erinnerungen an das, was man später immer als das künstlerische Klima, als die Boheme von Berlin bezeichnet hat?

Die habe ich in der Tat. Ich gehörte zu den Jungen, die man damals als frühreif bezeichnete. In den so genannten Goldenen Zwanziger Jahren und Anfang der dreißiger Jahre war ich sehr aktiv und sehr interessiert. Ich hatte Gelegenheit, in das damals sehr berühmte Kabarett der Komiker zu gehen, eine wunderbare Sache mit sehr guten Leuten, oder die ersten Filme von Marlene Dietrich zu sehen. Das alles war schon sehr aufregend.

Können Sie beschreiben, ob der Geist der Zeit damals wirklich libertin, freizügig, tolerant, also nach dem Stil der Boheme organisiert war?

Absolut. Das ist gar keine Frage. So etwas wie das Romanische Café, das Schwannecke und auch die neuen Theater von Piscator – das war alles sehr gesucht. Und wurde dringend gebraucht. Man erholte sich dort von der Tragödie des Ersten Weltkrieges, von einer grässlichen Inflation. Dann aber kam die Gegenbewegung, die intensive, von Goebbels vor allem so stark angefachte Gegenbewegung. Schlimm! Das schlug radikal um. Schnell, fand ich, das schlug sehr schnell um.

Auch unter Ihren Freunden?

Nein, wir waren junge Leute, wir lebten im Berliner Westen, und der Berliner Westen war eigentlich abgeschirmt. Wir hatten nichts mit dem Wedding zu tun, mit dem Norden, der Berliner Westen war mehr so eine Insel, wo man sich wohl fühlte und wo man an den neuen Bewegungen der Zerstörung gar nicht teilnahm.

1936 gingen Sie nach Amerika – wohlgemerkt, nicht aus politischen Gründen, sondern weil Sie ein Stipendium hatten.

Das ist richtig. Ich ging nach Kalifornien mit einem Stipendium, aber ich ging bewusst weg. Ich spürte einfach, dass ich in Deutschland, in Berlin, kaum eine Zukunft hatte. Ich spürte es besonders, als ich in meiner Eigenschaft als Feuilleton-Schreiber für die *Frankfurter Zeitung* einen Brief von der Redaktion in Frankfurt bekam, in dem es hieß: „Wir schätzen Ihre Feuilletons, schreiben Sie nur weiter, aber wir möchten nicht mehr, dass Sie mit Ihrem Namen signieren, denn der Name hat einen jüdischen Anklang, und das wollen wir weglassen." Das sah ich natürlich ganz und gar nicht ein, und ich sagte damals zu meinen Eltern, dass ich besser weggehen sollte. Meinen Eltern hat das gar nicht gefallen. Mein Vater war im Ersten Weltkrieg gewesen und war mit dem Eisernen Kreuz ausgezeichnet worden. Er sagte: „Wo deine Eltern sind, kannst du doch auch bleiben. Wir gehen doch auch nicht weg! Bleib hier!" Ich protestierte, und obwohl ich sehr jung war, hatte ich dann die Möglichkeit, das zu tun, was ich wollte. Gott sei Dank!

Um was haben Sie beim Verlassen Deutschlands getrauert?

Beim Verlassen hatte ich gar nichts, was ich betrauerte, denn ich war vor allem neugierig. Ich bin mein ganzes Leben lang neugierig geblieben, somit dachte ich eigentlich wenig an das, was ich verließ. Später kam das dann ganz anders. Dann kam die Nostalgie, die Sehnsucht.

Haben Sie in der Neuen Welt entdeckt, dass Sie in Ihrem Herzen ein „Abendländer" sind?

Ja, ein Europäer, würde ich sagen, das habe ich ganz intensiv empfunden.

Wenn Sie in Amerika an Deutschland dachten, nach was sehnten Sie sich da?

Nach all dem, was ich eben als Kind und als Junge gespürt hatte. Die ganze Beziehung zur – ich möchte nicht sagen, deutschen – aber zur europäischen Kultur, all das, was ich als Student in Frankreich empfunden hatte und auch in Deutschland, das waren mir alles sehr intensive Vorstellungen. Menschen, die ich persönlich nicht kannte, die ich aber unerhört schätzte, wie Bert Brecht – das fehlte mir in Amerika, das brauchte ich, das wollte ich. Und darin fand ich zurück.

Sie wurden zum Militär eingezogen und kamen auf diesem Weg zurück nach Europa. Wie war das Deutschland, das Sie vorfanden?

Es war völlig zerstört. Ich kam kurz vor Ende des Krieges zurück, 1944. Ich kam hier nach Berlin, eine Stadt, die am Erdboden zerstört war. Es war grauenhaft, es war unerhört deprimierend. Ich bin durch die Straßen geirrt und habe mein Elternhaus gesucht. Hier in dieser Gegend, im Westen, in Wilmersdorf, in der Konstanzer Straße. Das war tragisch: Man sucht das eigene Elternhaus, und findet einen Haufen Steine vor, die da herumliegen. Nicht so schön.

Wie sind Ihnen die Menschen begegnet?

Das war wieder etwas anderes. Ich habe hier eigentlich sehr schnell Zugang zu einer Gruppe von Menschen gehabt, die das Kommen der Amerikaner und das Ende des Krieges als eine unerhörte Befreiung empfanden. Und in dieser Gruppe fühlte ich mich wohl. Das war die Zeit, wo Hans Habe noch lebte und die erste deutsche Zeitung machte. Das war die Zeit, wo Erich Kästner auch noch lebte, ein wunderbarer Mann, mit dem ich in derselben Redaktion sitzen durfte. Ich ging zurück in meinen Wunschberuf des Journalisten. Das war schon angenehm.

Gibt es etwas Unzerstörbares an dieser Stadt Berlin und ihrem Geist?

Unzerstörbar ist sicher der Berliner Geist, der ausgesprochen keck, frech und geradeheraus ist. Neulich bin ich in einem Autobus gefahren, und der Busfahrer war völlig überarbeitet, und als er dann von einem anderen abgelöst wurde, ging er aus dem Bus raus und sagte: „Jetzt hab' ick die Schnauze aba jestrichen voll!" (*lacht*). Das ist Berlin.

Herr Berggruen, was repräsentiert für Sie Deutschland?

Wenn ich darüber nachdenke, würde ich sagen, es gibt einen wunderbaren deutschen Maler, den ich immer verehrt habe, von dem ich mein erstes Bild gekauft habe, und der in hohem Maße die besten Elemente Deutschlands in sich vereinigt und symbolisiert. Das ist Paul Klee. Paul Klee, dieser wunderbare Maler, ist in der Schweiz geboren und in der Schweiz gestorben, aber was viele nicht wissen – er war zeitlebens Deutscher. Sein Vater war ein deutscher Lehrer, und er ist ganz jung nach München gegangen, hat sich der Bewegung des Blauen Reiters angeschlossen, hat sie eigentlich sogar mitbegründet, und hat dann vor allem viele Jahre, bis die Nazis es zugemacht haben, am Bauhaus gelehrt. Gerade in dieser Bauhaus-Zeit von 1920 bis 1931 hat er wunderbare Bilder geschaffen. Paul Klee symbolisiert für mich einfach das Sensibelste, das Feinfühligste, das man in Deutschland finden kann.

Karan Armstrong

Opernsängerin

Karan, was verbinden Sie mit dem Begriff Heimat?

Heimat sind für mich zwei Länder: Amerika und Deutschland. Mein Zuhause ist in Amerika, ich bin die Hälfte des Jahres dort. Aber mein Ehemann und mein Sohn sind in Deutschland, das ist daher mein zweites Zuhause.

Wenn Sie zwei Männer im Hause haben, die beide Deutsche sind, müssten Sie einen Blick für deutsche Eigenschaften haben …

In Deutschland sind die Gedanken und Verhaltensmuster oft stur und sehr geradeaus. Das sehe ich bei meinem Mann. Er ist viel pessimistischer als ich. Bei mir ist ein Glas nicht halb leer, sondern es ist halb voll. Darüber streiten wir uns dann. Unser Sohn ist in der Mitte. Er ist halb Amerikaner, halb Deutscher. Das ist natürlich auch nicht einfach.

Wenn Sie in Amerika sind, welche Bilder sind es dann, die Ihnen ein Heimatgefühl für Deutschland geben?

An erster Stelle steht natürlich unser Zuhause, wo ich mich sehr wohl fühle. Und zweitens: Mein Großvater und meine Großmutter stammten eigentlich aus Deutschland. Meine Familie ist zwischen 1850 und 1860 nach Amerika ausgewandert. Mein Großvater ist 1890 zwar in Amerika geboren, aber er hatte deutsche Eltern. Mit sechzehn hat er meine Großmutter kennen gelernt und geheiratet und zu Hause haben sie deutsch, französisch oder

norwegisch gesprochen. Wenn die Kinder ins Zimmer kamen, haben sie aufgehört zu sprechen oder nur noch englisch geredet. Uns Kindern war nicht erlaubt, Deutsch zu lernen.

Aber Ihre Großeltern haben sich ihrer deutschen Vergangenheit nicht geschämt …

Das weiß ich nicht. Mein Großvater wollte nie genau sagen, woher er stammt. Er hat immer nur allgemein von Deutschland gesprochen, nie von einer einzelnen Stadt. Das war uninteressant für ihn. Wir haben jahrelang versucht, es herauszufinden, aber wir haben es nicht geschafft, auch nicht über Verwandte in Deutschland. Dieses Stück im Familienpuzzle wird wohl immer fehlen.

Welche Bilder waren es, die Sie als erste von Deutschland, von Ihrem Großvater bekommen haben?

Das ist eine komische Geschichte. Wir hatten zu Hause ein sehr, sehr großes, altmodisches Radio. Und er saß jedes Wochenende davor und hat so lange an den Knöpfen gedreht, bis man plötzlich merkwürdige Töne hörte *(singt eine Art Tonleiter)*. Und ich sagte zu ihm: „Oh, was ist denn das, das klingt ja interessant!" Er antwortete mir: „Das ist etwas ganz Schlimmes. Das sind fette Frauen, die Männer mit Speeren über die Bühne jagen und große Helme mit Hörnern tragen. Das ist eine Sopranstimme, die du da hörst, das ist eine Wagner-Oper, das Schlimmste, was du dir vorstellen kannst." Und so habe ich immer gedacht, dass es in Deutschland nur fette alte Frauen mit Speeren gibt, die Männer jagen. Damals war ich drei, vier Jahre alt *(lacht)*.

Wenn ich mir vorstelle, wie eine junge Studentin in Los Angeles die deutschen Emigranten dort beobachtet und ihre Unterhaltungen verfolgt: Welches Bild haben Sie sich von dem Deutschland, aus dem sie kamen, gemacht?

Ich sehe sofort wieder dieses alte Paar vor mir, Thea di Carmo und Fritz Zweig, vor ihrem kleinen Häuschen in Hollywood, wie sie Hand in Hand über die Straße gehen. So ein Bild hatte ich in Amerika noch nicht gesehen: dieses Zusammenhalten gegen alles, was schlimm war im Leben, das aber ihre Gemeinschaft nicht zerstören konnte, sie waren zusammen, sie waren stark. Sie haben alles verloren, aber ihre Liebe zur Kunst und ihre Liebe zu den Menschen selbst haben sie nicht verloren. Das war für mich ein sehr eindrucksvolles Bild.

Von der Musik sagt man, dass es eine Weltsprache sei, die eigentlich von allen verstanden werden könne. Kann man innerhalb der Weltsprache Musik sagen: Das hier ist ein deutsches Element, das ist deutsch an Bach, das verbindet Bach, Beethoven, Haydn miteinander?

Für mich verbindet sich das vor allem mit der deutschen Literatur, mit Heine, Goethe und Schiller. Man singt natürlich die deutsche Literatur, das deutsche Lied ganz anders als ein französisches Lied oder ein amerikanisches, englisches oder italienisches. Das hat alles seinen eigenen Stil, und ich würde sagen, dass man Bach nicht so singen kann wie zum Beispiel Pergolesi. In der Phrasierung ist das ganz anders.

Können Sie beschreiben, worin der Unterschied der Phrasierung besteht?

Bei italienischer Musik steht natürlich der Belcanto im Vordergrund, das ist mehr angelegt, würde ich sagen. Bei Mozart und bei Bach muss man eine ganz reine Intonation haben. Bach und Mozart perfekt zu singen, ist wahnsinnig schwierig, das ist bei weitem kein Kinderspiel, wie manche Leute behaupten. Da kann man wirklich gute Sänger und Sängerinnen von weniger guten unterscheiden.

Nun sind Sie auch eine sehr renommierte Schönberg-Sängerin. Verfolgen Sie die deutsche E-Musik des 20. Jahrhunderts?

Ja, sehr. Glücklicherweise – oder unglücklicherweise, man weiß es nicht *(lacht)* – bin ich seit einiger Zeit Professorin auf Lebenszeit an der Hochschule der Künste in Berlin. Ich habe dort auch mit meinen Studenten über dieses Thema gesprochen und ihnen gesagt, dass sie diese Art von Literatur in ihrem Repertoire halten sollten, weil das die Stimme sehr, sehr jung hält. Und diesen strengen Unterschied zwischen E- und U-Musik, ernster Musik und Unterhaltungsmusik, den verstehe ich als Amerikanerin sowieso nicht. Ich halte das – Entschuldigung! – für Quatsch, weil das, was man in der Kehle hat, letztlich eine Frage des Stils ist.

Wie erklären Sie sich, dass die Deutschen diesen Unterschied zwischen ‚E‘ und ‚U‘ so penibel einzuhalten versuchen?

Die Deutschen sind eben penibel *(lacht)*, stur und streng.

Sind die Deutschen ein gutes Publikum?

Das hängt von der Stadt ab. Es gibt deutsche Städte, die besser sind als andere. Wirklich wunderbar ist das italienische Opernpublikum, die sitzen nicht auf ihren Händen, sondern klatschen und machen mit. Aber das deutsche Publikum finde ich auch sehr gut. Sie sind allerdings nicht sehr an moderner Musik interessiert, also meinem Gebiet. Nur die

Stuttgarter lieben komischerweise moderne Musik. Die Theater sind immer voll. Aber weiter im Norden haben es die Leute nicht so mit der Liebe zur Moderne.

Empfinden Sie die deutsche Kultur als amerikanisiert?

Nein, nicht wirklich. In Amerika sind Konzertabende eher als eine Art Musik-Collage gestaltet, da bedient man sich bei Bach, Mozart, Wolf und Mahler, nimmt Stücke aus dem italienischen, französischen oder amerikanischen Repertoire, und es kommt vor, dass man beim Musical endet. So eine Collage findet man in Deutschland sehr selten. So ganz allmählich kommt das jetzt auf. Man sieht es an den Hochschulen, die bringen so etwas, deren Programme sind legerer. Auf der Bühne passiert auch viel mehr, man bewegt sich, das Ganze hat mehr Flair. Die musikalischen Theater wie das Theater des Westens in Berlin orientieren sich da schon eher an Amerika, und das führt zu mehr Lebendigkeit.

Gibt es deutsche Dinge, die Sie den Amerikanern wünschen würden?

Was meinen Bereich betrifft, also die Musik, würde ich den Amerikanern wünschen, es gäbe mehr Subventionsmöglichkeiten für Kultur, so wie in Deutschland. Es ist auch hier nicht genug, aber das bisschen, was es für jede Stadt gibt, für ein Opernhaus oder ein Theater, das ist so ein großer Luxus im Vergleich zu Amerika – das würde ich uns auch wünschen.

Was hat es Ihnen bedeutet, das Bundesverdienstkreuz zu erhalten?

Es war eine große Ehre für mich, eine ganz große Ehre. Als ich die Neuigkeit erfuhr, habe ich zu meinem Mann gesagt: „Warum geben die mir das, ich bin doch noch nicht tot." *(lacht)*. Aber ich war sehr stolz, und ich versuche Deutschland so viel wie möglich von dem zurückzugeben, was es mir gegeben hat.

Welche deutsche Landschaft lieben Sie besonders?

Die Berge und den Schnee, das liebe ich sehr an Deutschland. Und die grüne Gegend um Bayreuth, die ist wunderbar.

Fällt es Ihnen leicht, in Bayreuth aufzutreten und die ganze Geschichte, die mit diesem Ort verbunden ist, zu ignorieren, oder arbeiten Sie sich richtig in das ein, was Wagner in Bayreuth oder in Deutschland einmal bedeutet hat?

Als Amerikanerin kann ich das nicht richtig beurteilen, dazu braucht man die deutsche Mentalität. Aber ich respektiere dieses

Ambiente, das Haus ist phänomenal. Diese Akustik: Man flüstert an einem Ende, und dann hört man das überall! Und das, was Wagner geschrieben hat, imponiert mir mehr als alles andere auf der Welt. Was dieser Mann für Noten geschrieben hat, und dazu die Texte und die Pausen zwischen den Noten! Ich bin nur unglücklich, dass ich nicht zu seiner Zeit gelebt habe und ihn nicht mehr kennen lernen kann. Seine Genialität ist wirklich etwas Besonderes.

Was repräsentiert für Sie Deutschland?

Drei Dinge: mein Mann Götz Friedrich, mein Sohn Johannes Friedrich und als Drittes der Fall der Mauer 1989. Ich war an diesem Abend hier in Berlin und habe ein Aufnahmekonzert beim SFB gehabt, ein neueres Werk von Jörg van Höhr, „Traumspiel". Und als das Konzert zu Ende war, hat irgendjemand gesagt: „Die Mauer ist weg.", und wir – das Orchester, der Dirigent, der Komponist – sind alle spontan da hin. Ich im Abendkleid, mit Stöckelschuhen und langen Ohrringen! Und als wir mit dem Taxi auf dem Ku'damm waren, kamen uns schon die Menschen entgegen, und es war wie bei einem Vulkanausbruch, wenn einem die Lava als eine langsame rote Masse entgegenströmt. Wir sind dann Hand in Hand mit diesen Leuten auf der Straße gelaufen, es herrschte eine fast feierliche Ruhe, und der Himmel war dunkelblau mit Sternen. Und dann diese Menschen, diese erwachsenen Menschen, die nur schauten und nichts mehr sagten – das war für mich ein Erlebnis, das ich nie vergessen werde! Meinem Mann, der leider nicht dabei sein konnte, habe ich später gesagt, dass es mir vorkam, als hätte die Welt den Atem angehalten.

Volker Schlöndorff

Regisseur

Herr Schlöndorff, in Wiesbaden geboren zu sein und dann zu sagen: „Ich habe in dieser Stadt nie jemanden über den Nationalsozialismus reden hören": Bringt einen das von vornherein in Opposition zu dem Land?

In den fünfziger Jahren, der berühmten „bleiernen Zeit" unter Adenauer, hatten wir auf dem Gymnasium nur Lehrer, die entweder kriegsversehrt oder Krüppel oder unbescholten waren, weil sie kleine Lichter gewesen sind und sich in der Nazizeit nicht profiliert hatten. Und das Ergebnis war: Über diese Zeit wurde nicht gesprochen. Das galt als unerfreulich, das wurde abgetan, da seien zu schreckliche Dinge passiert. Was aber weiter praktiziert wurde, war dieser Landserton bei den Lehrern, und zwar immer so vorgebracht, als ob es witzig wäre. „Ein Lied, zwei, drei, vier" oder „Oh, du schöner Westerwald" – so zogen wir durch den Taunus. Natürlich waren die alle traumatisiert von ihren Kriegserlebnissen, und das Einzige, wovon sie nun uns Jungs da was erzählen konnten, war aus dieser Zeit. Aber immer im Sinne von: Es ist uns Unrecht geschehen, aber wir waren tapfere und anständige Kerle. Über die ganze Verführung dahinter ist nie gesprochen worden und natürlich schon überhaupt nicht über den Holocaust. Das war für mich die erste Lektion: Man muss miteinander kommunizieren, man muß es aussprechen, nicht jede Polemik muss sofort zum Krieg führen. Bei den Deutschen eskaliert aber jede Polemik – bis es möglicherweise dann sogar zu einem Krieg mit einem Endsieg kommt.

Wann haben Sie eigentlich zum ersten Mal im deutschen Film so etwas wie eine taugliche Form der Auseinandersetzung mit deutscher Geschichte erlebt?

In Wiesbaden im Kino: „0815" und „Hunde, wollt ihr ewig leben". Da war ich dreizehn oder vierzehn. Wir sind in die Filme reingegangen und wir konnten diese Filme nicht ertragen. Wir hatten das Gefühl, da feiert wieder derselbe Landser Urstände wie unser Sportlehrer, der auch noch immer diesen Ton drauf hatte.

Wir beide kennen das Stereotyp des Nazis, des deutschen Nazis, gut, besonders im anglo-amerikanischen Film. Wenn Sie versuchen, dieses Stereotyp zu beschreiben, was lenkt eigentlich das Interesse, den Deutschen so darzustellen?

Im amerikanischen Film ist es wie in Shakespeares Tragödien: Es muss Bösewichte geben. Und je stärker der Bösewicht ist, umso stärker wird die ganze Sache. Das gilt für den Horror-film, das gilt im historischen Film. Und nun ist eben, was früher der Hunne war, der Nazi in potenzierter Form. Das ist eine Funktion des Erzählens, das hat vielleicht gar nichts mit uns Deutschen zu tun, nur uns trifft es eben, aus verständlichen, geschichtlichen Gründen. Das Eigenartige ist, dass wir Deutsche uns dann auf irgendeine schuldbewusste Art und Weise mit diesem Bild, das die Amerikaner von uns entwerfen, identifizieren. So wie der Deutsche nicht Deutscher sein will, so erträgt er es auch nicht, wenn andere ihn porträtieren. Als deutsche Filmemacher, sehr gute Filmemacher, in den sechziger Jahren den Kommandanten Heß mit Götz George in der Hauptrolle porträtiert haben, ist dieser Film, wie viele andere seiner Art auch, vom deutschen Publikum und den Medien abgewiesen worden. Kommt jetzt aber „Holocaust" oder „Schindlers Liste" ins Kino, dann identifizieren wir uns auf einmal mit dem Bild, das die Amerikaner von uns entwerfen. Und meistens gelingt es uns dann sogar, von der Rolle des Täters in die Rolle des Opfers zu schlüpfen. Und diese Haltung ist meines Erachtens nicht nur durch den Nationalsozialismus bedingt, sondern das wird schon von Stendhal auf Deutschlandreisen und anderswo beschrieben, als man in Preußen noch Französisch sprach. Das ist ein deutsches Urübel, ein Unwohlsein mit uns selbst.

Und setzt sich der deutsche Selbsthass dann fort in der Auseinandersetzung mit den gegenwärtigen deutschen Helden? Nach Marlene Dietrich nun also Hildegard Knef, Ute Lemper und in gewisser Hinsicht sogar Til Schweiger?

So etwas nennt man dann „Nestbeschmutzer" … Ich zitiere nur den deutschen Kulturattaché, der bei der Vorführung des „Jungen Törless" nach Musil während der Filmfestspiele in Cannes den Saal verlässt und sagt: „Das hat nichts mit Deutschland zu tun." Weil man da sieht, wie ein Junge einen anderen quält! Im Grunde ist das das Gleiche – um mit Billy Wilder zu sprechen –, wie wenn Marlene sozusagen als Widerstandskämpferin mehr Zeit an der amerikanischen Front verbringt als Eisenhower und so für die gute Sache kämpft. Ich will die Herstellung des Bildes vom Deutschen nicht den Ausländern überlassen, dafür bin ich zu stolz. Das Bild, finde ich, das stellen wir lieber selbst her. Ich sage auch nie „die Deutschen", sondern ich versuche immer „wir Deutschen" zu sagen, wenn ich im Ausland bin, weil es unfair ist, sich aus der Verantwortung zu stehlen und zu sagen: „Das sind immer nur die anderen gewesen." Ich finde, man muss dieses verkorkste Bewusstsein überwinden und auch nicht unter der Schuld zusammenbrechen, sondern aktiv weiterleben und diese lästige Hürde der deutschen Geschichte auf sich nehmen. Das ist dann der wirkliche „gute Deutsche" *(lacht)*.

Als Karl Kraus mit dem Vorwurf, er sei ein Nestbeschmutzer, konfrontiert wurde, hat er gesagt: „Nein, ich bin der Vogel, den sein Nest beschmutzt." Haben Sie sich in der Position je gesehen?

Ja. Zumindest in der Position des Vogels, der die Kuckuckseier ausbrütet. Wenn man als Deutscher in Hollywood arbeitet, muss man diese Schuld, die da wie Patina auf einem liegt, nach wie vor abtragen. Zum ersten Mal nach Hollywood gekommen bin ich in den fünfziger,

sechziger Jahren, als die Generation der Emigranten noch das Sagen hatte. Die wussten sehr wohl, dass es unter den Deutschen auch ein paar Nicht-Nazis gegeben hatte. Vor denen musste man sich nicht rechtfertigen, im Gegenteil, die waren froh, die nächste Generation von Deutschen kennen zu lernen. Je größer aber heute der historische Abstand wird, desto schwieriger wird es für die Deutschen, denn die jungen Amerikaner leben mit diesen Klischees. Sie leben mit der Vorstellung, alle Deutschen wären Nazis gewesen, auch die Kinder hätten den Dolch zwischen den Zähnen gehabt, und der Zweite Weltkrieg sei nur geführt worden, um die Juden umzubringen. Und Amerika hätte in den Krieg nur eingegriffen, um die Juden zu retten.

Sie haben Hollywood nicht auf Grund eines beruflichen Scheiterns, sondern auf Grund einer „Lebenskrise" oder eines „Umdenkens im Leben" verlassen. Gab es irgendwelche Anziehungskräfte, die in dieser Situation von Deutschland aus auf Sie gewirkt und Sie regelrecht zurückgezogen haben?

Für mich war das ganz klar der Fall der Mauer. Und zwar hat das schon im Mai 1989 angefangen, als in Ungarn der Stacheldraht zum ersten Mal durchgeschnitten wurde. An diesem Abend saß ich mit Freunden zusammen und dachte: Wenn bei dieser Kette nur ein Glied los ist, dann wird irgendwann etwas passieren. Und als die Mauer fiel – ich war gerade im Flug-Shuttle von New York nach Boston für eine Filmpreview –, war mir vollkommen klar: Du musst jetzt zurück nach Berlin, da wird es jetzt die spannendsten Geschichten geben, und das wird die Welt interessieren.

Was verbindet „Schröder-Deutschland" mit „Adenauer-Deutschland"?

Harmoniesucht vielleicht. Heute nennt man das zwar anders, man sagt: „Eine eigene Meinung zu haben oder sich politisch zu engagieren ist altmodisch, das ist passé", oder „Der Autorenfilm ist passé", aber das ist das Gleiche. Man muss möglichst in jeder Beziehung eine Einheitsmeinung haben – das ist vielleicht das Einzige, was da ist. Damals war das Wirtschaftswunder erreicht, jetzt ist es die Wiedervereinigung. Und Berlin ist wieder Hauptstadt. Und dann baut man diese pompösen Dinger dahin – die hat ja nicht Herr Schröder geplant, die kann man ja keiner Regierung anlasten, die kann man nur dem deutschen Ungeist anlasten –, und ich frage mich: Wenn man dann also aus diesen riesigen Bauten heraustritt, die ja wirklich in Dimensionen für ein Reich gebaut sind, dreht man sich dann um und schaut: Wo ist das Reich?

Was repräsentiert für Sie Deutschland?

Wenn ich die Antwort wüsste, dann würde ich nicht seit dreißig Jahren versuchen, Filme darüber zu machen. Ich kann es nicht auf einen Nenner bringen. Einerseits ist Deutschland für mich immer noch diese Hügellandschaft mit Wäldern, durch die der ICE donnert, wo man aber meint, irgendwo in den Grotten seien noch die Zwerge zugange – also „Grimms Märchen" irgendwo. Und zum Zweiten sind es Menschen, die verquer sind, die alle fremdbestimmt sind, und wo keiner wirklich wagt, er selbst zu sein.

Jocelyn B. Smith

Sängerin

Jocelyn, Sie wurden in Queens, New York, geboren. Wie sah Deutschland von Queens aus betrachtet aus?

1973, als ich ungefähr zwölf oder dreizehn war, gab es samstagnachmittags eine Fernsehsendung, die hieß „The World at War", und da war ständig von Deutschland die Rede. Es war mir also nicht fremd, ich habe es aber aus einer distanzierten Perspektive betrachtet. Ich fühlte mich früh zu Deutschland hingezogen und war sehr neugierig und interessiert. Aber ich hätte nie gedacht, dass ich eines Tages hier leben würde.

In dieser Sendung ging es sicher hauptsächlich um Deutschland während des Dritten Reichs. Und trotzdem hatte es eine Anziehungskraft für Sie?

Nicht nur das, später zogen wir in einen jüdischen Stadtteil, und ich ging auf eine jüdische High School. Die meisten Kinder kamen aus jüdischen Familien. Das Hauptthema, beinahe an jedem Nachmittag, war das Verhältnis zwischen Juden und Deutschen.

Ist für Sie Deutschland Berlin und Berlin Deutschland?

Nein, wenn man die Gelegenheit hat, überall in Deutschland herumzureisen, dann bemerkt man sehr schnell die Unterschiede zwischen den verschiedenen Gegenden. Ich würde sagen, es ist typisch, dass die Leute in Süddeutschland offener sind, denn das Wetter ist dort besser. Die Leute umarmen sich dort sehr schnell und sie haben weniger Angst, „Hallo!" zu sagen und aufeinander zuzugehen. Und dann gibt es Gegenden, wo es eher üblich ist, auf Distanz zu bleiben, „Hallo!" zu sagen und weiterzugehen.

Wie würden Sie die deutsche Mentalität beschreiben?

Über die deutsche Mentalität würde ich gar nichts sagen. Ich bin aus New York und war so lange Teil davon, dass ich gelernt habe, meine persönliche Meinung lieber nicht auszusprechen, denn diese Meinung kann sich von Tag zu Tag ändern. Wenn man müde ist, wird man ungeduldig. Und wenn man sich gut fühlt, dann kommt man mit allen Leuten hier klar. Lassen Sie es mich so sagen: Man muss flexibel sein, und man braucht genug Schlaf.

Sie haben einmal gesagt, dass die Deutschen eine stärkere weibliche Seite haben als die Amerikaner. Was haben Sie damit gemeint?

Was Kunst und Musik angeht, da haben die Deutschen eine wunderbare Perspektive. Ich habe nie etwas so Schönes gesehen wie die deutsche Landschaft! Ich bin in den USA geboren, und ich liebe die Landschaft bei mir zu Hause, aber hier gibt es so viele Berge und Seen. Und erst diese ganzen bunten Bäume! Das mag alles ein wenig seltsam klingen, aber es gibt manchmal mitten in Berlin Momente, wo du als Musikerin plötzlich denkst: „Ja, ich verstehe, warum so viele wunderschöne Kompositionen hier geschrieben wurden und warum die Leute die Musik lieben und mit ihr leben." Und diese Eigenschaft würde ich als sehr weiblich bezeichnen. Das hat übrigens in den letzten vierzehn, fünfzehn Jahren zugenommen. Die Männer erlauben es sich, freier zu sein – und die Frauen auch. Ja, das ist alles sehr progressiv. Glückwunsch! *(Geste)*.

Das war übrigens der Black-Panther-*Gruß, den wir da gerade gesehen haben … Haben Sie in Deutschland Rassismus erlebt?*

Ich erlaube diesen Dingen nicht, mir zu nahe zu kommen. Ich habe diese Erfahrung nicht gemacht, weil ich diese Erfahrung nicht herausfordere. Ich begebe mich nicht auf dieses Niveau. Wissen Sie, das Wort „Rassismus" ist so oft benutzt worden – es ist wie ein schlechtes Parfum. In den vierzehn Jahren, die ich hier bin, habe ich etwas Besseres gelernt. Bevor ich jemanden einen Rassisten nenne, würde ich sagen, er oder sie hat nie Erfahrungen mit kulturellem Austausch gemacht. Er ist dumm oder er hat keine Erfahrung. Er möchte alles in Päckchen verpackt haben, die leicht zu unterscheiden sind. Aber für mich ist es langweilig, immer nur das Etikett »Rassismus« zu benutzen. Was ist Rassismus? Es ist Angst. Einfach Angst.

Sie sind mit Harald Juhnke bei seiner letzten Tournee aufgetreten. Es gab einen Skandal in Berlin, der wochenlang in den Zeitungen war, weil das Publikum Sie nicht singen hören wollte. Wie erklären Sie sich diesen Zwischenfall?

Sie wollten nicht, was ich zu bieten hatte. Plötzlich änderte sich die Farbe, Harald hatte einen Gast. Das hatten sie nicht erwartet. Warum ist sie da? Wer ist das? Wir wollen Harald! Wir wollen diese Frau nicht! Und was soll diese Art zu singen, dieser komische Jazz oder *rhythm and blues* … Ich habe das Publikum irgendwo verstanden. So viele Leute sind von weither gekommen und haben viel Geld ausgegeben. Die Karten kosteten hundert Mark, und manche hatten zwei- bis dreimal so viel bezahlt. Sie hatten stundenlang im Auto gesessen und waren auf so etwas nicht vorbereitet. Da steht da plötzlich eine dunkelhäutige Frau und singt jazzige, ethno-mäßige Musik! Es hat einfach in dem Moment alles durcheinander

gewirbelt. Und als ich nicht verschwunden bin, wurden die Leute noch wütender. Aber ich hatte einen Job zu erledigen; mein Kollege Harald hatte mich gebeten, dies zu tun, und daher hatte ich das Gefühl, ich sollte bis zum Ende bleiben. Was für eine Erfahrung!

Sie haben darüber nicht geweint?

Natürlich habe ich das – später. Der Babysitter wartete zu Hause auf mich, und wie bei jeder Premiere dachte ich, was soll's, nichts weiter als noch eine Premiere. Aber diesmal war es nicht so. Zuhause sah ich diese ganzen Nachrichtentexte über den Bildschirm laufen, diese Berichte, wie das Publikum mich nicht leiden konnte. Der Babysitter fragte mich, was ich getan hätte. Aber ich hatte nichts getan, ich war einfach nur da gewesen. Die Tränen kamen viel später – nach vielleicht zwölf oder vierzehn Tagen. Ich war auf dem Weg zurück aus New York, als mir klar wurde, was geschehen war. Eines Tages stehst du auf der Bühne, und jemand sagt: „Hey, wir mögen dich nicht, wir wollen nichts

von dem, was du machst." Zwei Wochen später wurde mir das schlagartig bewusst, und mir wurde klar, dass ich mich auf sehr dünnem Eis bewegt hatte. Ich habe ungefähr zwei Wochen lang geheult. Aber dann bin ich weiter aufgetreten, und die Leute sagten zu mir: „Bitte, bleib, wie du bist! Wir sind nicht wie die anderen, das kannst du uns glauben." Viele Frauen kamen auf die Bühne und umarmten mich. Dieses weibliche Element war während des Skandals sehr präsent. Aber ich weinte nicht nur, weil ich traurig war oder weil niemand mich oder meine Musik mochte. Sondern weil wir Menschen offenbar immer noch nicht in der Lage sind, eine andere Person als menschliches Wesen zu sehen. Uns fehlt immer noch Toleranz.

Was repräsentiert für Sie Deutschland?

Vor allem Unsicherheit. Ich interessiere mich sehr für andere Menschen, ich bin keine Künstlerin, die immer nur zu Hause bleibt, sondern gehe einkaufen wie andere Leute auch und nehme mein Kind mit, führe den Hund spazieren und treffe Bekannte auf der Straße. Meistens beginnt die Unsicherheit schon bei der Frage, ob man jetzt „Hallo", „Guten Tag" oder einfach nur „Hi" sagen soll. Das ist sehr anstrengend; jeder hat Angst, dem anderen gegenüber offen zu sein, sogar Deutsche unter Deutschen. Es ist repressiv. Aber ich glaube, es ist Teil der Mentalität.

Flatz

Cross-over-Künstler

Flatz, du bist aus Österreich nach Deutschland gekommen und bezeichnest Deutschland als Exil. In welcher Hinsicht?

Für meine erste öffentliche Arbeit wurde ich verhaftet; für meine zweite wurde ich ins Irrenhaus gesteckt. Nachdem sie festgestellt hatten, dass ich mental gesund bin und dass im Grunde das Potenzial meiner Arbeit ihre Reaktion ausgelöst hatte, entließ mich der Oberarzt mit der Drohung, falls ich noch mal eingeliefert werden sollte, würde ich für ein halbes Jahr nicht mehr rauskommen. Da wusste ich, dass ich in diesem Land meine Arbeit nicht entwickeln kann und ging nach Deutschland. Und Deutschland hat sich für mich als guter Nährboden erwiesen.

Hat es in Deutschland Berührungen mit der Polizeigewalt gegeben?

In Deutschland hat meine Arbeit nie … oder doch, warte: 1981 habe ich als Teil der Ausstellung „Wir Anderen" in der Dependance der Staatsgalerie in München eine sehr kontroverse Arbeit angefertigt. An die Außenseite des gotischen Gebäudes schrieb ich die Worte „Fressen, Ficken, Fernsehen" in den Nationalfarben – wie man das auf tausend anderen Häusern als Werbereklame sieht.

Also in Schwarz-Rot-Gold?

In Schwarz-Rot-Gold! Das Projekt hat einen billigen Sensationalismus in den Medien verursacht: Der Oberbürgermeister wollte, dass das Werk noch vor der Eröffnung entfernt wird, auch der Museumsdirektor lehnte es ab, und eines Nachts sind dann wirklich Polizei und Feuerwehr gekommen und haben es entfernt. Das hat natürlich einen riesigen Sturm in den deutschen Medien verursacht. Mehrere Anwälte boten mir an, mich bei meiner Klage gegen die Stadt zu unterstützen. Wir haben dann gewonnen, und die Stadt musste das Werk wieder anbringen. Es hing bis zum Ende der Ausstellung an der gotischen Fassade, und die Polizei musste sogar für die Schäden am Werk aufkommen, die bei der gewaltsamen Entfernung entstanden waren.

Blickst du heute auf Österreich zurück und sagst: „Das ist das Land, aus dem ich emigriert bin"?

Sicher. Ich bin aus diesem Land geflohen. Und ich kenne keinen österreichischen Künstler, der nicht nach Deutschland gegangen ist, um international bekannt zu werden. Wer in Österreich geblieben ist, wurde mit Subventionen zugeschüttet oder als Regional-Kasper hin- und hergereicht. Wenn man Österreich als Land der Intrigen und der falschen Polemik kennt, wird man verstehen, dass man dort nicht groß herauskommen kann – es sei denn, man geht zum „großen Bruder" Deutschland, um dann als verkannter Prophet im eigenen Land wieder zurückgeholt zu werden.

Für dich war Deutschland also nicht nur das größere, sondern auch das freiere Land?

Ich glaube, dass Deutschland – nicht die USA – das Land der unbegrenzten Möglichkeiten ist. Die USA sind nur scheinbar frei, dir begegnet dort viel mehr Repression und Gängelung als in Deutschland. Ich denke, „Deutschland" – in Anführungsstrichen – ist das freieste Land, das ich kenne.

Spruch klebt auch auf allen meinen Autos, ob es nun ein Mercedes ist oder ein Porsche. Die Polizei stoppt mich immer nur wegen dieses schwarz-rot-goldenen Aufklebers, auf dem die Worte „Fressen, Ficken, Fernsehen" stehen! Und obwohl es ein ironischer Kommentar zu dem Überfluss in diesem Land ist, ist es etwas, das diejenigen am meisten ärgert, die am wenigsten damit zu tun haben: die ausführenden Gewalten des Staates in Justiz und öffentlicher Ordnung.

Wirst du sentimental bei deutschen Landschaften?

Ja, ich kenne Deutschland mittlerweile sehr gut, und es ist eines der schönsten Länder, die ich kenne. Auch von seinem Potenzial her: Von der Ostsee bis zu den Alpen findest du alles, was andere Länder nur in reduzierter Version bieten. Ein anderes Land mag einen Strand in einer pointierteren Art anbieten, aber Deutschland hat alles, was du anderswo auf der Welt nur verteilt findest.

Als du Schwarz-Rot-Gold für deine Installation wähltest, hast du dich dabei auch auf das Land als solches bezogen?

Für mich war es nahe liegend, eine Installation wie diese in einem so reichen und gesättigten Land zu machen, in dem du alles tun darfst, solange du die gesetzlichen Normen nicht überschreitest. Das wurde für mich durch „Fressen, Ficken, Fernsehen" repräsentiert; der

Wenn wir weder als Gut-Menschen argumentieren, noch besonders moralisch oder sentimental, was ist dann vom Dritten Reich an Nachfolgearbeit geblieben?

Nachfolgearbeit … ich denke, da muss ich ein bisschen weiter zurückgehen. Mutter Europa und ihre Gebärmutter Deutschland hatten zwei Kinder geboren. Aber sie haben sie außerhalb Europas angesiedelt: Der Kommunismus wurde in Asien und Russland platziert, der extreme Kapitalismus hingegen in den USA. Natürlich haben die beiden Kinder gekämpft, sie haben sich auf dem Bauch ihrer Mutter geschlagen und sie dabei zerstört. Die Mutter brauchte fünfzig Jahre, um sich wieder zu erholen, aber nun ist sie an einem Punkt angelangt, an dem sie – und ich meine das ganze Europa, nicht nur Deutschland – wieder ein Stück Verantwortung

übernehmen muss. Das eine Kind starb, aber das heißt nicht, dass der Sozialismus vorüber ist; und das andere Kind ist schwer krank, mit all seinen Extremen, wie wir sie aus den USA kennen. Ich halte den Amerikanismus, der sich in Deutschland breit macht, für sehr bedrohlich, fast lebensbedrohlich. Aber ich glaube, das hat mit dem Selbstbewusstsein zu tun, das Deutschland wiedererlangen musste. Ich denke, es ist richtig, ein vereintes Europa zu schaffen und ein besonders starkes Deutschland darin. Ich habe keine Angst vor seiner Stärke, sondern denke, dass die Qualitäten, die in Deutschland im zwanzigsten Jahrhundert gewachsen sind, in Bezug auf Literatur, Musik oder Kunst, ein großes Potenzial haben. Und diese Qualitäten reichen weiter als ihr Missbrauch während des Dritten Reiches. Aber Deutschland hat sich noch immer nicht vom Dritten Reich erholt, man kann über diese Zeit noch immer nicht anders reden als in einer übertrieben moralischen Weise. Ich glaube, dass das die Jugend heute nicht mehr interessiert und man anders mit dem Thema umgehen muss. Aber jemand, der eine Verantwortung initiiert hat, muss sie irgendwann auch wieder zurücknehmen und mit ihr umgehen.

Wie könnten wir heute mit dieser Verantwortung umgehen?

Ich glaube, damit wird sowohl auf einer ökonomischen als auch auf einer moralischen Ebene umgegangen. Dieser moralische Impetus produziert eine Verantwortung und Sensibilität für Dritte. Es ist kein Zufall, dass Deutschland zu den Ländern gehört, die am meisten Geld spenden, wenn irgendwo eine Naturkatastrophe ausbricht. Daran werden zwei Dinge deutlich: einerseits das schlechte Gewissen und seine moralische Dimension, andererseits der Versuch, ihm zu entfliehen. Faschismus ist keine Erscheinung, die in Deutschland ihren Ursprung hat. Faschismus, oder zumindest ein latentes Potenzial dazu, ist Teil jeder Gesellschaft. Er beginnt dort, wo das Individuum zu Gunsten einer kollektiven Ideologie beschnitten und aus-

gegrenzt wird. Dieses ist kein typisch deutsches Phänomen, sondern eines, das man in jeder Gesellschaft oder Gruppe findet, in der es um Macht geht. Es beginnt in der Familie, im Betrieb und wird schließlich Teil der Wirtschaftsstrukturen, in denen wir leben.

Was repräsentiert für dich Deutschland?

Das habe ich wohl schon erwähnt. Es ist noch immer das „Fressen, Ficken, Fernsehen", aber im positiven Sinn. Wir leben in einer Zeit, in der harte Arbeit und Moral mit einer gewissen Leichtigkeit beantwortet werden wollen. Meine Generation ist die erste Generation in diesem Jahrhundert, die keinen Krieg erlebt hat und deshalb ihr „Fressen, Ficken, Fernsehen" auch genießen kann. Es repräsentiert unsere Kultur in einer ganz bestimmten Form und kann in einer ihrer extremsten Formen, der „Ballermann"-Trink-Kultur, auch zur Last werden, wenn es aus Deutschland heraus und in andere Länder hineingetragen wird. Aber ich denke „Fressen, Ficken, Fernsehen" sind die Dinge, die uns am stärksten beschäftigen und unser Leben prägen.

Werner Spies

Ex-Museumsdirektor und Autor

Herr Spies, hat es im Zeitalter globaler Kommunikation noch Sinn, von nationaler Kunst zu sprechen?

Von nationaler Kunst sicher nicht, aber von Kunst würde ich sprechen. Im Unterschied zu Kommunikation würde ich den Begriff „Kunst" weiterhin verwenden wollen – allerdings unter Berücksichtigung darauf, dass Sie, um Kunst zu erleben, sich bewegen müssen. Dass Sie nicht nur auf einen Knopf drücken, sondern dass Sie sich die Mühe machen müssen, zum Beispiel ins Centre Pompidou zu gehen, da hoch zu steigen, um dort unter Einsatz Ihrer physischen Kräfte Kunst zu erleben.

Hat es noch Sinn, von deutscher Kunst zu sprechen?

Ja, ich glaube schon. Meines Erachtens sind die Deutschen eher gezwungen als andere Länder, eine eigene Ikonographie zu verfolgen. Ich glaube, die deutsche Geschichte lässt uns nicht los. Und was in der deutschen Kunst der Nachkriegszeit an Interessantem passierte, war ja die Verarbeitung der Geschichte, war im Grunde Geschichtsmalerei, war Historienmalerei. Nur in den ersten Nachkriegsjahren haben die Deutschen sich mit Vehemenz aus dieser Verantwortung heraus stehlen wollen, indem sie sich dem internationalen Zeitstil, also der abstrakten Kunst, angeschlossen haben, aber diese Art von Büßerästhetik der Nachkriegszeit ist völlig uninteressant. Interessant wurde es erst mit der Generation der gegenständlichen Künstler, mit Leuten wie Lüpertz, Baselitz, Leuten wie Penck und Richter.

Wenn Sie von deutscher Ikonographie sprechen, meinen Sie dann auch Bildinhalte, die nicht unmittelbar auf die Erfahrung des Dritten Reiches zurückgehen?

Ich glaube, es gibt keinen Bildgegenstand, der nicht irgendwie durch die Erfahrung des Dritten Reichs kontaminiert worden ist. Selbst eine Blumenvase ist nach dem Holocaust etwas anderes als vorher.

Ganz auf den Grundlinien von Adornos Kunsttheorie, dass Kultur nach Auschwitz Müll sei und Kunst insofern immer noch Ausdruck dieses Umstandes?

Müll würde ich nicht sagen, aber notwendigerweise drückt Kunst oder drückt auch der Akt, Kunst zu machen, nach Auschwitz etwas anderes aus. Sie kann nicht mehr etwas feiern, sie kann auch nicht mehr etwas beklagen, sie muss existentiell etwas hinnehmen, was die Anthropologie, und zwar nicht nur die der Deutschen, grundsätzlich geändert hat.

Und diese Aussage tragen Sie bis ins 21. Jahrhundert …

Ja, ich habe eher das Gefühl, dass diese Aussage immer stärker wird.

Diese Form von Ikonographie muss aber Ihrer Ansicht nach nicht unbedingt von Deutschen entwickelt werden; sie kann von Amerikanern, sie kann von Israelis kommen?

Es gibt jetzt wieder viele – und das ist sehr positiv – ganz viele Menschen, die auch in Deutschland leben, obwohl sie keine Deutschen sind. Und die auch einigermaßen in Frieden in Deutschland leben können und fasziniert davon sind. Dass die genauso mit der deutschen Geschichte zusammentreffen, ist richtig und auch wichtig. Ich glaube, was da passiert ist, können nicht die Deutschen allein bewältigen und durcharbeiten. Diese Trauerarbeit ist eine, die die ganze Menschheit leisten muss.

Ist Trauerarbeit der Ausdruck, den Sie für die Leistungen der Kunst nach dem Zweiten Weltkrieg in Bezug auf das Dritte Reich verwenden würden?

Nicht in diesem präzisen Sinne. Ich glaube, die Kunst hat in der Nachkriegszeit auch ganz andere Phänomene zu bewältigen gehabt. Zum Beispiel die Konsumgesellschaft, den Terrorismus – alles Phänomene einer pazifizierten Gesellschaft, die im Grunde nicht mehr mit Krieg, sondern nur noch mit der Bedrohung durch Krieg gelebt hat, aber die hier auf ganz andere Probleme aufmerksam gemacht worden ist.

Welche Entwicklung innerhalb der bildenden Kunst vor dem Zweiten Weltkrieg würden Sie als kompakt und auf den deutschen Sprach- oder Kulturraum beschränkbar bezeichnen, die also dort geboren und dort genuiner Ausdruck wurde?

Sicher den Expressionismus, die Neue Sachlichkeit, eine gewisse Sicht auf die Großstadt – also Dix, Grosz, Schad. Das sind ikonographische und auch Ausdrucksprobleme, die in dieser Art zunächst auf Deutschland beschränkt waren. Die wurden später für die Pop-Art sehr wichtig und für den Verismus der Nachkriegszeit, und sicher auch für vieles, was sich im Film abspielte.

Der Deutsche sieht die Großstadt, da muss man nur an „Berlin Alexanderplatz" denken. Aber seit dem Zweiten Weltkrieg gibt es ja hier eigentlich keine wahren Metropolen mehr. Berlin war eine geteilte Stadt, und selbst heute ist es mit seinen drei Millionen Einwohnern sicher kein Vergleich zu Paris.

In der Nachkriegszeit hat Berlin keine große Rolle gespielt. Ich glaube, was von Berlin ausging oder wovon man lebte, war noch immer die Erinnerung an die Weimarer Republik, an das Berlin der Vorkriegszeit. Und da gab es vor allem durch Leute, die aus der deutschen Emigration stammten, wie etwa Richard Lindner, sehr interessante Fortentwicklungen, die dann für die amerikanische Szene und nicht zuletzt für die Pop-Art wichtig wurden. Was Richard Lindner nach Amerika brachte und dort entwickelte, war im Grunde eine Fortsetzung von dieser Welt der Metropolis, dieser Welt von Wedekind und von Grosz, aber darüber hinaus auch ein Einbeziehen der wirklich aktuellen Kunst, die damals in Amerika rezipiert wurde, wie zum Beispiel Léger.

Sie sind in den sechziger Jahren nach Paris gekommen. Warum?

Ich kam nach Paris, weil mich die französische Literatur faszinierte und weil es in Deutschland nichts gab, was irgendwie als Äquivalent des nouveau roman hätte gelten können. Und mein erster Besuch war dann auch der bei Beckett.

Das war zwar nicht nouveau roman, aber …

Ja, aber er gehörte damals zum Umkreis der Neuen Literatur in Frankreich. Beckett, Nathalie Sarraute, Duras, Robbe-Grillet, Butor – die habe ich innerhalb kürzester Zeit alle kennen gelernt, aber nicht als Voyeur oder nur als jemand, der berühmten Leuten die Hand schütteln wollte, sondern weil ich damals begann, für den Süddeutschen Rundfunk und für das Fernsehen Stücke zu ordern. Und Beckett und die alle haben mir dann sicher vierzig bis fünfzig großartige Stücke geschrieben, und sie kamen auch nach Stuttgart zum Süddeutschen Rundfunk und inszenierten sie für den Hörfunk oder fürs Fernsehen. Und jeden von ihnen brachte ich nach Tübingen, mit jedem war ich vorm Hölderlin-Turm in Tübingen.

Wenn man an die Autoren des nouveau roman denkt: Sie haben Nathalie Sarraute übersetzt …

Nein, ich habe Nathalie Sarraute nicht übersetzt, aber ich habe Nathalie Sarraute dazu gebracht, dass sie überhaupt angefangen hat, Dialoge zu schreiben. Sie hat ja zunächst ihre Romane geschrieben, und dieses Prinzip der subconversation war überhaupt nicht dazu gedacht, szenisch oder dialogisch aufgeführt zu werden. Und nach langer Zeit hat sie mir dann gesagt, jetzt hätte sie einen Text, den sie mir geben könnte. Dieser erste Text war „Das Schweigen" – „Le silence", und darauf folgten „Le mensonge" – „Die Lüge" und all die anderen großartigen Stücke, die sie dann geschrieben hat.

Was passiert mit einem Text von Nathalie Sarraute, wenn man ihn aus dem Französischen ins Deutsche überträgt? Wie kommt er an?

Ich glaube, Nathalie Sarraute lässt sich noch einigermaßen gut übersetzen, weil eine gewisse Stringenz auch in eine Sprache übersetzbar ist, in der immerhin Kafka und Freud geschrieben haben und in die auch sehr gut die Russen, wie Tschechow, übersetzt worden sind. Ich sehe das Werk von Nathalie Sarraute in seinem ganzen desperaten Anspruch in dieser Nähe von Kafka und von Tschechow. Zwischen Zärtlichkeit und Verzweiflung.

Ich sehe ihre Texte immer sehr flirrend, mit sehr vielen chromatischen Verschiebungen und Tonlagen und Gleichzeitigkeiten, daher hätte ich gedacht, dass das Eherne, das Gesetzte, das Logische, das manchmal fast auch Feierliche oder Statuarische der deutschen Sprache es einem Übersetzer sehr schwer machen würde.

Aber das Deutsche ist doch eine unerhört musikalische Sprache! Ich finde, jemand wie Stifter ist näher bei Nathalie Sarraute als Flaubert, Zola und Balzac.

Wo ist Fontane?

Fontane ist leider nicht in Frankreich. Als ich nach Frankreich kam, habe ich irgendwie schon sehr darunter gelitten, dass deutsche Literatur hier kaum bekannt war. Man spürte noch den Einbruch des Jahres 1870. Man hat nach dem Krieg die Deutschen einfach nicht mehr übersetzt. Man hat zwar die deutsche Wissenschaft übersetzt, weil man sie brauchte und auswerten wollte, man hat die deutsche Militärgeschichte übersetzt, man lernte ja auch Deutsch. Aber Fontane, Stifter und die anderen sind alle erst sehr spät übersetzt worden. Ich habe wirklich darunter gelitten, dass ich meinen Freunden nicht klarmachen konnte, was für ein großartiges Buch zum Beispiel „Bunte Steine" von Stifter oder „Der Grüne Heinrich" von Gottfried Keller sind.

Oder Fontanes „Effi Briest" – das kam erst nach und nach. Und ich glaube, der große Durchbruch, auch das große Interesse, die Faszination für deutsche Kunst und Literatur und auch Politik im guten Sinne kam nicht zuletzt dank der Ausstellung, die ich hier im Centre Pompidou organisieren konnte: „Paris-Berlin". Das hat vielen Leuten die Augen geöffnet. Ich weiß noch, damals hat Foucault gesagt: „Diese Ausstellung ist der Beweis des 20. Jahrhunderts." Das ist doch ein großes Wort, wenn man sagen kann, dass die Deutschen mit ihrer Kultur und ihrer Literatur ebenso zum 20. Jahrhundert gehören wie die Franzosen! Ich glaube, diese Ausstellung war wichtig, denn vorher lebte dieses Deutschland für die Franzosen in einer ethnologischen Ferne, die vielleicht noch ferner war als Schwarzafrika.

Das war 1976. Worin sahen Sie zu jener Zeit eigentlich die Verwandtschaft zwischen den beiden Ländern, die sich als Erbfeinde bezeichnet hatten?

Ich habe nie verglichen, was die Leute hier aßen oder dort aßen, oder wie sie sich hier und dort anzogen, oder was sie sonst für mehr oder weniger physiologische Gebaren hatten. Was mich interessierte und faszinierte, war einfach, festzustellen, dass ich hier wunderbare Menschen kennen lernte. Wunderbare Menschen, die aufgeschlossen waren und für die auch Gedanken wie Hass oder Rache überhaupt nicht im Wortschatz und Denken vorkamen.

Und die Korrespondenz der beiden Städte Berlin–Paris, worin lässt die sich fassen?

Als wir damals diese Ausstellung machten, war da eine große Kluft, ein großes Gefälle: auf der einen Seite diese phantastische Stadt Paris, die gerettet wurde, und auf der deutschen Seite der Ausdruck für „kaputt", für „definitiv verschwunden". Das hatte auch etwas leicht Nostalgisches. Die Ausstellung endete ja mit dem Jahre 1933.

Von Deutschland aus betrachtet, entsteht oft der Eindruck, die französische Rezeption ist besonders empfänglich für das, was wir selbst bei deutscher Kunst für extrem feierlich und manchmal auch überfrachtet halten – nehmen wir Syberberg, Handke und zum Teil auch Wenders. Woran liegt das?

Das ist eine Frage, die ich mir selbst auch immer wieder stelle, denn ich bin sehr empfänglich für Handke und für Wenders. Ich habe zu diesen Werken und auch zu diesen Menschen immer ein sehr freundschaftliches Verhältnis gehabt. Ich habe beinahe darunter gelitten, dass diese Werke und diese Künstler in Deutschland nicht angemessen rezipiert wurden. Lange habe ich das für eine gewisse Schwäche des deutschen

Geisteslebens erachtet – dass Wenders nicht wie in Frankreich zur Kultfigur wurde, dass die Leute vor den Kinos nicht Schlange standen, um seine Filme zu sehen, und dass sie sich nicht darum rissen, Handke zu lesen. Im Fall Syberberg ist es nicht so dramatisch. Bei ihm spielt vielleicht auch die falsche Vorstellung mit, man könnte Wagner in Bilder oder Sprache übersetzen.

Sie sind erst der zweite Ausländer gewesen, der das Centre Pompidou übernommen hat. Haben Sie am Anfang Ihrer Tätigkeit dort mit Formen des Ressentiments zu kämpfen gehabt?

Nein, das habe ich nicht. Ich glaube auch, dass diejenigen, die mir damals dieses Schatzhaus anvertraut haben, ganz genau wussten, dass ich nicht ein Mann bin, der einfach aus dem Ausland kommt, sondern die wussten von meiner Freundschaft zu Leuten wie Beckett, Max Ernst, Picasso, Nathalie Sarraute. Und dass ich wirklich fasziniert von Frankreich und diesen großen Figuren bin, die so etwas wie eine deutsch-französische Möglichkeit eröffnet haben – also von Heine und Max Ernst. Das sind meine Vorbilder.

Wenn Sie versuchen müssten zu beschreiben, was dem heutigen Frankreich über das heutige Deutschland vermittelt werden müsste, was würden Sie sagen?

Die Franzosen sind inzwischen ganz gut informiert, über das, was sich in Deutschland abspielt, aber ich fände es richtig schön, wenn sie eines Tages auch die deutsche Provinz kennen lernen könnten. Und wenn sie nicht immer versuchen würden, für Paris ein Äquivalent in Deutschland zu finden. Wenn die Franzosen in der Sächsischen Schweiz spazieren gehen würden, auf der Schwäbischen Alp oder in der Lüneburger Heide, und die kleinen Städtchen und Dörfer und Flüsse dort kennen lernen würden, dann käme ihnen dieses Land vielleicht auch nicht mehr ganz so unheimlich vor.

Was rührt Sie bei dem Gedanken an Deutschland?

Vor allem gewisse Landschaften, die sich tief in mir eingeprägt haben, und nicht zuletzt auch die Musik und die Literatur.

Und was repräsentiert für Sie Deutschland?

Sicher Literatur und Musik, Philosophie, also eher der deutsche Geist als die deutschen Produkte – die ohne den deutschen Geist sowieso nicht möglich wären.

Also in irgendeiner Weise verdient Deutschland das Prädikat des Landes der Dichter und Denker?

Ich weiß nicht, ob Deutschland das immer noch verdient, aber es gab immerhin eine glückliche Zeit, in der man dieses Wort prägen konnte. Und ich fände es traurig, wenn das alles verschwinden würde.

Jo Ann, du bist von einem ganz entfernten Winkel der Erde nach Deutschland gekommen, nämlich aus Australien. Wie sah Deutschland von Australien aus betrachtet aus?

Ich wusste nichts über Deutschland, aber Pina Bausch wollte mich nach Wuppertal holen. Ich wusste noch nicht einmal, wo Wuppertal liegt oder eigentlich, wo Deutschland überhaupt liegt. Ich war bloß in diese Frau verliebt und dachte, wenn sie mich engagieren will, dann gehe ich dahin. Irgendjemand hat zu mir gesagt: „In Wuppertal regnet es immer; dort fährt eine Schwebebahn, die hängt in der Luft, da ist ein Elefant rausgefallen, und es gibt Kuchen und Gummibärchen und ganz viel Sahne und Würstchen." Und das sei mehr oder weniger alles, und außerdem gebe es Deutsche.

Jo Ann Endicott

Tänzerin

Und wenn du deinen Freunden in Australien dann hättest erklären müssen, wie dieses Deutschland wirklich ist, jenseits von Schwebebahn, Elefanten und Gummibärchen, was hättest du gesagt?

Es ist ein vielfältiges Land, es hat viele gute Seiten – aber Deutschland hat auch schlechte Zeiten durchlebt. Ich würde auch sagen, dass es sehr sauber hier ist. Und dass die Deutschen ein bisschen kälter sind als das australische Volk, das spricht für und gegen sie. Sie schimpfen und hupen sehr gerne, und sie sind rechthaberisch.

War es schwierig für dich, mit den Deutschen in Kommunikation zu treten?

Am Anfang schon. Am Anfang konnte ich ja kein einziges Wort Deutsch. Ich kannte auch überhaupt niemanden. Ich habe mich sehr alleine gefühlt. Aber ich hatte dieses große Vertrauen zu Pina … Für Tänzer ist der Tanz sowieso die wichtigste Form der Kommunikation, Sprache ist für Tänzer nicht so wichtig. Ich persönlich schreibe auch lieber, als dass ich spreche. Na ja, nach einer Weile haben die Deutschen sich an mich gewöhnt und ich mich an sie, und jetzt habe ich eigentlich keine Probleme mehr mit ihnen. Im Gegenteil, nach diesen fünfundzwanzig Jahren fühle ich mich hier zu Hause.

Gibt es eine typisch deutsche Geste für dich?

Ein bisschen ist es dieser Zeigefinger: „Mach das nicht!" *(droht mit dem Zeigefinger)* oder „Man zeigt nicht mit dem Finger auf Leute!" *(zeigt mit dem Finger auf jemanden)* – das scheint mir sehr deutsch zu sein.

Wenn du dir von der Bühne aus das Publikum angeguckt hast, wie hat dieses Publikum auf dich reagiert?

Ich habe immer sehr gerne mit dem Publikum gespielt und gespürt, wie weit ich gehen kann. Immer stand die Frage im Raum: Habe ich sie in der Hand? Wie lange kann ich noch mit ihnen kommunizieren? Manchmal konnte ich – allein über Blicke – richtig mit den Leuten spielen.

Hast du in solchen Situationen die Deutschen als frei oder als verklemmt empfunden? Oder als beides?

Kleine Kinder brauchen auch Zeit, bevor sie auf andere Menschen zugehen. Man braucht ein gewisses Vertrauen, man muss den anderen erst erspüren, und danach kann man alles machen.

Hast du von Australien aus irgendwann mal Heimweh nach Deutschland gehabt?

Fünfundzwanzig Jahre lang habe ich gedacht, ich habe Heimweh nach Australien. Und das Komische ist: Als ich jetzt vor einem Monat in Australien war, habe ich zum ersten Mal in meinem Leben das Gefühl gehabt, dies und das aus Deutschland zu vermissen.

Was zum Beispiel?

Das Brot zum Beispiel. Das gute deutsche Brot! Ich bin jetzt etwas länger als die Hälfte meines Lebens in Deutschland, ich hatte meine ersten Erfolge in Deutschland, und ich bin hier bekannt. In Australien bin ich ein Niemand *(lacht)*. Aber mittlerweile bin ich ja sowieso eine halbe Deutsche. Und mit der Zeit denke ich mehr auf Deutsch als auf Australisch. Auch wenn ich spreche, fällt es mir leichter, deutsch zu sprechen.

Haben die Deutschen eine Tendenz zur Leichtigkeit?

Nein, eigentlich nicht.

Ein Talent zum Glücklichsein?

Ich finde, dass man zurzeit überall ein bisschen zufriedener mit sich selbst und seinem Schicksal sein sollte. Unsere heutige Zeit ist sehr anstrengend, es gibt überall Stress, Handys, Probleme mit den Kindern. Ich habe selbst drei Kinder, und meine Tochter hat die eine Woche gelbe Haare, die nächste schwarze Haare. Und dann dieses ganze Piercing und die Computer und das alles. Wo soll denn das hinführen? Aber das ist nicht nur in Deutschland so, sondern überall. Das hängt mit der Generation zusammen, ich weiss.

Fühlst du dich manchmal als Deutsche? Gibt es Charakterzüge, bei denen du sagen würdest, das war jetzt deutsch?

Nein, ich fühle mich nicht wie eine Deutsche und ich möchte auch nie einen deutschen Pass haben, obwohl das möglich wäre und vieles vereinfachen würde. Aber ich könnte nie meinen australischen Pass abgeben, denn ich bin in Australien geboren und stolz darauf, Australierin zu sein. Ich fühle mich nicht deutsch, aber ich fühle mich hier zu Hause.

Was repräsentiert für dich Deutschland?

Das Brot. Und auch der Spruch: „Ich muss erst mein Brot verdienen." Für mich ist das deutsche Brot ein ganz wichtiger Teil Deutschlands. Es gibt ja sehr verschiedene Brotsorten hier, und wenn ich auf Tournee in der ganzen Welt war, habe ich meiner Familie immer ein Brot aus der jeweiligen Gegend mitgebracht. Auch die Herstellung von Brot, den Teig zu kneten und zu backen – das passt für mich sehr gut zu den Deutschen.

Minh Khai Phan Thi

Moderatorin und Schauspielerin

Minh Khai, du wurdest in Darmstadt geboren, deine Eltern sind Vietnamesen. Ist die Kultur, in der du aufgewachsen bist, also eher eine deutsche oder eher eine vietnamesische gewesen?

Beides. Wofür ich meinen Eltern sehr dankbar bin, ist, dass sie geschafft haben, beides zu vereinen. Ausländer, die in Deutschland leben, sind ja oft viel radikaler – die Türken, die Vietnamesen, die Chinesen haben immer Angst, dass man sozusagen fremdbeherrscht ist oder dass man seine eigene Kultur verleugnet, und deswegen sind sie sehr, sehr vietnamesisch oder sehr sehr türkisch. Meine Eltern, die in jungen Jahren hierher gekommen sind, also mit achtzehn, neunzehn Jahren, haben sich aber gesagt: Wir leben hier, wir haben deutsche Freunde, unsere Tochter ist hier geboren, deswegen müssen wir es schaffen, beides zu vereinen.

Das ist sehr schwierig. Wir haben zu Hause nur Vietnamesisch gesprochen, aber mein Vater hat zum Beispiel nie gesagt: „Du darfst das nicht, weil du Vietnamesin bist." Und was ganz auffällig ist: Viele, die mich neu kennen lernen, vergessen ganz schnell, dass ich Vietnamesin bin. Sie spüren das erst, wenn sie länger mit mir befreundet sind. Es gibt sehr viele vietnamesische Eigenschaften in mir.

Was ist das, was man dann findet?

Eine gewisse Zurückhaltung und manchmal auch eine Maske, also das Lächeln, dieses Nicht-das-wahre-Gesicht-zeigen. Sogar meine besten Freunde, die mich seit zehn, zwölf Jahren kennen, wissen manchmal nicht, was ich wirklich denke. Und auch diese Sache mit dem Respekt. Ich bin ein Mensch, der sehr darauf achtet; ich behandele andere Menschen so, wie ich behandelt werden will. Und das fehlt mir in Deutschland bei vielen Leuten. Hier geht es machmal einfach sehr respektlos zu.

Bis ins Physische hinein …

Ja, und auch die Höflichkeit fehlt mir hier. Die Deutschen fordern viel. Ich bin ein sehr höflicher Mensch, ich kann manchmal meine Meinung nicht sagen, und fordern kann ich auch nicht. Die Vietnamesen fordern nicht, die reden immer um den heißen Brei rum und hoffen, dass dann irgendwie das passiert, was sie wollen.

Habt ihr zu Hause vietnamesische Feste gefeiert?

Ja, machen wir immer noch. Die Todestage werden sehr gefeiert, da wird ein Altar aufgebaut, und die Lieblingsspeisen des Toten werden geopfert. Und dann gibt es natürlich das Tet-Fest, also das Neujahrsfest, das ist wie das chinesische Neujahrsfest. Solche Sachen werden sehr zelebriert bei uns. Allerdings muss ich dazu sagen, dass meine Eltern Katholiken sind, ich aber vor sechs Jahren zum Buddhismus konvertiert bin.

Hatte das mit dem Bezug zu Vietnam zu tun oder war das die Erkundung deiner eigenen Mentalität?

Beides, würde ich mal sagen. Das erste Mal war ich mit vier Jahren dort, da habe ich sehr schlecht Vietnamesisch gesprochen. Aber ich habe viele Eindrücke bekommen, weil in Vietnam gerade erst fünf Jahre der Krieg vorbei war. Und mit acht Jahren war ich noch einmal dort, da habe ich mich geweigert, Vietnamesisch zu sprechen. Und eigentlich habe ich meine Identität erst so mit vierzehn gefunden. In meiner Pubertätsphase bin ich einmal nach Vietnam gekommen und habe plötzlich gedacht, Vietnamesin zu sein ist gar nicht so schlecht. Zurück in Deutschland, war ich dann nur noch Vietnamesin, war völlig stolz, habe richtig Vietnamesisch gelernt, habe mich damit befasst und so weiter und so fort. Aber dadurch, dass die Franzosen hundert Jahre in Vietnam waren, gibt es sehr viele Katholiken bei uns.

Meine Mutter ist Katholikin, und als sie meinen Vater heiratete, ist er konvertiert. Ich komme also aus einem katholischen Haus mit gewissen traditionellen buddhistischen Elementen. Ich habe aber dann auch angefangen, mich von der katholischen Kirche zu distanzieren, und als ich mit zwanzig noch einmal nach Vietnam gekommen bin, habe ich mich endgültig zum Buddhismus hingewandt, weil eben der Buddhismus in Vietnam gelebt wird. Der wird nicht nur irgendwie zelebriert, sondern er wird richtig gelebt. Im Buddhismus kommt alles aus einem selbst, es geht nicht um Anerkennung von außen, sondern um eigene Anerkennung. Und das ist etwas, womit ich seit sechs Jahren hart kämpfe. Weil ich das in ein Gleichgewicht bringen will, und das fällt mir sehr schwer.

Ist Deutschland nicht eher ein un-buddhistisches Land?

Ja. Sehr un-buddhistisch. Eigentlich sagt man, der Buddhismus beschäftigt sich mit seinem eigenem Ego, und das tun Deutsche auch, nur in einer anderen Art und Weise. Ich finde es wahnsinnig schwierig, Buddhismus in Deutschland zu leben. Im Moment ist es ja auch eine Modereligion, deswegen mag ich es nicht, wenn man mich immer sofort auf dieses Thema anspricht. Zurzeit laufen alle Leute mit diesen Bändchen über Buddhismus rum, die man in der Drogerie kaufen kann, und dieser Gebetskette, deren Bedeutung niemand kennt. Da liest einer drei Bücher und denkt, er ist der größte Buddhist aller Zeiten, aber er lebt überhaupt nicht buddhistisch.

Du hast eben den Ausdruck „Identität" verwendet, und ich frage mich, ob Identität überhaupt eine nationale Bestimmung für dich ist oder ob sich da nicht ganz andere Dinge kreuzen, wie zum Beispiel spirituelle ...

Bis vor zwei Jahren habe ich noch gesagt, ich lebe *zwischen* zwei Welten. Das hat sich geändert. Ich sage mittlerweile, ich lebe *mit* zwei Welten. Das ist ein ganz, ganz großer Unterschied. Ich habe lange damit gekämpft, und es kam mir immer vor, als würde ich zwischen zwei Stühlen sitzen. Die Leute haben mich in gewisser Weise auch dazu gezwungen, weil sie immer fragen: „Woher kommst du?" Das ist ganz anders als in Amerika, wo die Leute dich nach deinem Ursprung fragen. Das ist ein großer Unterschied. Wenn ich hier sage: „Ich komme aus Darmstadt.", fangen die Leute an zu lachen. „Ja", sagen sie dann, „aber woher kommen deine Eltern?" Dann sage ich natürlich, dass sie aus Vietnam kommen. Deshalb habe ich mir angewöhnt zu sagen, ich sei Vietnamesin. Das stimmt aber überhaupt nicht. Ich bin Deutsche, weil ich einen deutschen Pass habe und hier auch geboren bin. Aber die Leute sehen das nicht. Es ist kein multikulturelles Land, das muss man schon sagen. Allerdings hast du recht, ich identifiziere mich nicht mehr so sehr mit den beiden Ländern, so dass ich meine Identität ganz klar im Spirituellen finde. Und das verfolge ich einfach.

Das macht es natürlich interessant, dich nach den verschiedenen Phasen zu fragen, in denen du einen Blick auf Deutschland werfen konntest. Nehmen wir einmal die allererste: Du sprichst von der Nachkriegszeit in Vietnam, du bist vier Jahre alt. Hast du da irgendwelche Bilder von Deutschland? War das das Land, nach dem du Heimweh hattest, das dich mit Sehnsucht erfüllte?

Ja, auf jeden Fall. Hier waren meine Freunde, und weil meine Eltern studiert haben, hatte ich eine Tagesmutter, das war meine Mama. Durch sie habe ich zuerst Deutsch gelernt. Wenn meine Eltern mich abends abgeholt haben, musste ich Vietnamesisch sprechen – das war fremd! Ich habe beide Sprachen gewusst, aber als Kind kann man das nicht trennen. Man redet also durcheinander und wundert sich, warum die Hälfte der Leute dich nicht versteht. Ich habe Vietnamesisch angefangen und Deutsch aufgehört, ich habe das immer vermischt. Zu deiner Frage nach meinem Deutschlandbild: Ich wollte immer blond und blauäugig sein. Das hing natürlich mit meinen deutschen Freunden zusammen, aber das war immer mein Wunsch. Und Locken wollte ich haben! So wie ein Engel. Engel waren für mich immer blond und blauäugig.

Dann gibt's in Vietnam keine Engel?

Nein, in Vietnam gibt es keine Engel *(lacht)*. Als ich mit vier Jahren dorthin kam, habe ich das Land nicht gemocht. Weil es meine Mutter zum Weinen gebracht hat, die nach langer Zeit wieder zurück in ihre Heimat kam und das Land völlig kaputt vorfand. Ich weiß noch, meine Verwandten waren barfuß, hatten zerrissene Hosen, waren wahnsinnig ausgemergelt. Ich war aber dann auch sehr glücklich da, weil ich so viel Liebe erfahren habe, von Verwandten, die mich nie gesehen und einfach so aufgenommen haben, als wäre ich ihr eigenes Kind.

So etwas gibt es in Deutschland nicht. Ich kann mich aber auch noch daran erinnern, dass wir in Restaurants saßen, wo Kinder hinkamen und die Reste vom Boden aßen – das hat mich irrsinnig geschockt! Und mein Selbstbewusstsein war ein Problem. Ich habe mich wie zu Hause einfach ganz automatisch an den Tisch meiner Großeltern gesetzt; aber als Kind darf man das in Vietnam nicht. Nur die Erwachsenen sitzen am Tisch, und die Kinder sitzen auf der Treppe oder am Boden oder sonst wo. Daran kann ich mich noch gut erinnern.

Dann war Deutschland für deine Großeltern das Land der Dekadenz …

Ja, in gewisser Weise schon. Aber sie fanden es auch dekadent, dass ich nicht geschmatzt habe, denn wenn man in Vietnam nicht schmatzt, dann heißt das, es schmeckt einem nicht. Solche Kleinigkeiten – ich habe irgendwie gemerkt, es ist anders hier.

Und ist der Beruf der Schauspielerin, von Vietnam aus betrachtet, ein dekadenter Beruf?

Ja, wobei sie das nicht fassen können. Die vietnamesische Filmindustrie ist leider total am Boden, und die können nicht nachvollziehen, was ich da mache. Auch meine Eltern mögen das nicht, sie wollen lieber, dass ich Moderatorin bleibe, weil das etwas ist, was sie an mir kennen; da verliere ich ihrer Meinung nach wohl nicht so das Gesicht, als wenn ich als Schauspielerin arbeite. Sie sehen dann Seiten an mir, die sie nicht sehen wollen: Ich küsse fremde Männer, ziehe mich möglicherweise aus, bin völlig anders, gehe aus mir raus – ich bin dann einfach nicht Minh Khai.

Was repräsentiert für dich Deutschland?

Bei Tengelmann oder in einem anderen Supermarkt die Schlange an der Kasse, wo jeder sich hinten anstellt: Wenn sich dann einer vordrängelt und sofort von allen Seiten losgemotzt wird – das ist typisch Deutschland. Hier ist immer alles so nach Reih und Glied.

Minh Khai Phan Thi

Tayfun Bademsoy

Schauspieler und Regisseur

Herr Bademsoy, Sie sind 1969 als Sohn eines Gastarbeiters aus der Türkei nach Deutschland gekommen. Haben Sie den Status Gastarbeiter damals begriffen?

Na ja, ich war sehr jung, ich war zehn Jahre alt, als ich nach Deutschland kam. Da wusste ich noch nicht, was „Arbeit" überhaupt ist, geschweige denn „Gastarbeiter". Außerdem hatten wir in der Türkei eine total andere Stellung als die üblichen Gastarbeiterfamilien, die nach Deutschland kamen. Mein Vater war sehr gelehrt, er hatte viel gelesen, hatte viel Kontakt zu Ausländern. Deshalb kamen wir oft mit Holländern und Amerikanern zusammen. Als wir dann nach Deutschland gingen, dachte ich, man würde uns genauso empfangen wie wir die Amerikaner und Holländer in der Türkei. Doch so war es nicht. Das war schon ein ziemlicher Schock. Aber „Gastarbeiter" – das Wort wurde mir erst sehr viel später bewusst.

Haben Sie es mal getragen wie einen Titel?

Schwer zu sagen. In den ersten zehn Jahren bestimmt nicht. Aber irgendwann entsteht so eine bestimmte Art von Selbstbewusstsein. Heute tue ich das vielleicht, heute sage ich: „Ich bin ein Gastarbeiterkind, und meine Eltern haben hart dafür gearbeitet, dass ich bin, wo ich bin."

Sie haben für Peter Stein übersetzt und gedolmetscht und waren plötzlich mit einem der wichtigsten, eisheiligen Kulturvertreter Deutschlands konfrontiert. Welche Form von Kultur, von deutscher Kultur, ist Ihnen da entgegengekommen?

Zunächst habe ich sie überhaupt nicht verstanden. Wenn Peter Stein redet, dann ist das purer Intellekt. Außerdem hatte ich mit Theater überhaupt nichts zu tun, ich hatte bislang nur zwei Jahre Fernsehen gemacht. Und wenn Peter Stein dann losgeredet hat, musste ich schon nach dem ersten Satz überlegen, was er gerade gesagt hatte. Er redete aber zwanzig Minuten ununterbrochen und sagte erst anschließend: „Übersetz das!" Da stand ich dann und fragte mich: Was mach' ich jetzt, was sag' ich? Ich hatte nämlich nur noch den ersten Satz im Kopf, vielleicht noch den letzten. Worüber er zwischendrin gesprochen hatte, habe ich sowieso nicht verstanden, ich hätte es also gar nicht übersetzen können. Die türkischen Schauspieler, die ihn verstanden hatten, haben mir dann geholfen. Sie sagten zu mir: „Erzähl uns doch einfach auf Türkisch den letzten Film, den du gesehen hast. Er weiß doch sowieso nicht, was du sagst." Also habe ich ganz kurz, zehn Minuten lang, einfach erzählt, was ich am letzten Abend im Fernsehen gesehen hatte! Aber je öfter ich das tat, desto peinlicher wurde es mir. Deshalb ging ich dazu über, das, was ich einigermaßen verstanden hatte, wirklich sehr kurz wiederzugeben. Ich muss sagen, ich habe in der Zeit wahnsinnig viel gelernt, und Peter Stein ist so etwas wie der große Papa für mich gewesen. Er hat uns Jungschauspieler wirklich mit Samthandschuhen angefasst und uns dadurch langsam in das Theaterleben eingeführt. Erst durch ihn gelangte ich dann alllmählich an die deutsche Kultur, habe angefangen, Goethe und Kant und was weiß ich zu lesen. Bis dahin hatte mich das alles nicht so recht interessiert.

Von Peter Stein stammt der Sie ehrende Titel, Sie seien der „Fernsehtürke" der Nation. Fangen wir zunächst einmal ganz vorne an: Als Sie zum ersten Mal im Fernsehen gesehen haben, wie Türken von Deutschen dargestellt wurden: Welchen Effekt hat das für Sie gehabt?

Wut, vor allem Wut. Ich fragte mich nur immer: Haben die denn keine Augen im Kopf? Wieso müssen die denn jetzt den Türken so klischeehaft, so negativ darstellen? Man konnte als Zuschauer ja fast das Stinkende an den Türken riechen. Nur ganz wenige Regisseure haben ernsthaft versucht, genauer hinzublicken. Mich hat auch wütend gemacht, wenn dann Türken zwar von Türken, aber nicht von richtigen Schauspielern dargestellt wurden. Man nahm den nächstbesten türkischen Gemüsehändler oder Müllmann und sagte ihm: „Du bist jetzt Schauspieler, du spielst das. Du kommst hier rein und sagst deinen Satz." Die Wirkung war natürlich entsprechend. Man sah, dass das nicht gut gespielt war, und dachte: „Oh Gott, der Türke! Das alles hat mich aber auch motiviert, den Deutschen zu zeigen, wie man es besser machen kann.

Fühlen Sie sich von der deutschen Regierung regiert?

Ja. Ich habe den deutschen Pass, also fühle ich mich auch von der deutschen Regierung regiert. Aber nicht gut regiert.

Was fehlt?

Wenn ich beispielsweise einen Slogan wie Kinder statt Inder" lese, dann denke ich: Dieser Mann hat einfach nicht alle Tassen im Schrank! Schließlich hat man es versäumt, die Jugendlichen auszubilden! Und dann stellt man sich heute hin und sagt: „Wir wollen keine Inder."

Mit welchen Gefühlen passieren Sie eine Grenzkontrolle?

Ich weiß ganz genau, dass man mich herauspickt.

Ist das so?

Das ist so, das ist eindeutig so. Da braucht nur eine Horde von Leuten vorbeizugehen, egal, ob blond, brünett oder dunkelhaarig. Ich werde auf jeden Fall aus der Menge herausgepickt. Das ist so.

Und regt sich da nicht Zorn auf das Land?

Ja, sicherlich. Es gab sehr viel Zorn und Wut in mir. Mit der Zeit hat sich das etwas gelegt, ich bin ironisch geworden, oder besser: zynisch und sarkastisch. Dass heißt, ich nehme solche Beamten heute auf den Arm oder werde arrogant. Ich benehme mich, als wär' ich der Prinz von ich weiß nicht woher. Das ist meine Art, mir den Humor zu bewahren.

Haben Sie eine große Anstrengung machen müssen, um sich diesem Land zu assimilieren?

Ja. Man muss vieles schlucken, vieles in sich hineinfressen und hart an sich arbeiten. Man muss auch selbst tolerant werden – genauso, wie man es von den Deutschen erwartet. Verständnis für die Deutschen, die Europäer zeigen, überlegen, wie man ihnen helfen könnte, ihnen die Hand reichen und sagen: „Pass mal auf, es sieht nicht so aus, wie du denkst." Es ist ein Geben und Nehmen. Da kann man nicht einfach nur sagen: „Die Deutschen, die Europäer, ja, die wissen es aber nicht besser." Was ich sagen will, ist: Wenn ein Neonazi seinen Sohn wie einen Neonazi erzieht, dann ist dieser Sohn unschuldig an seinem Zustand. Also muss man diesem Jungen – dem Vater sowieso – erklären, dass es auch anders geht. Und das versuche ich irgendwie in meinem Leben in Deutschland zu tun.

Was repräsentiert für Sie Deutschland?

Disziplin. Das war das Erste, was ich über die Deutschen gehört habe, und es hat sich auch bewahrheitet. Vielleicht bin ich auch von meinem Vater beeinflusst, der stand unheimlich auf diese Disziplin, diese Ordnung, und tut es heute noch. Wenn die Deutschen Fußball spielen, sagt er: „Also das ist Disziplin, die gewinnen, weil sie ordentlich sind. Einzeln sind sie nicht besonders gut, aber als Team sind sie unschlagbar." Darüber habe ich mich schon immer geärgert und ihn gefragt: „Wie kannst du für die Deutschen sein?" Er antwortete dann: „Die können eben spielen: gemeinsam, elf Spieler, zusammen auf einem Feld. Guck dir mal die Türken an, die sind einzeln sehr gut, aber gemeinsam einfach schlecht!"

Was sollten denn die Deutschen von den Türken lernen?

Humor! Humor und sagen wir mal: eine ehrliche Geselligkeit, Fröhlichkeit. Die deutsche Fröhlichkeit ist für mich immer sehr gespielt. Sie müssen sich einen ansaufen, damit sie fröhlich sind. Und das Zulassen von Emotionen und Gefühlen! Wenn die Türken zusammenkommen, dann heulen sie. Sie singen traurige türkische Lieder und heulen dabei. Peter Stein hat mal gesagt, das melancholischste Volk, das er kennen würde, seien die Türken. Die Deutschen können das nicht – die betrinken sich, grölen, werden unverschämt, und das ist dann die Geselligkeit. Wenn die Türken feiern, kommt das aus dem Bauch, aus dem Gefühl, aus dem Herzen. Und das ist wahrhaftig. Das fehlt den Deutschen.

Montserrat Caballé

Opernsängerin

Frau Caballé, bereits mit 7 Jahren haben Sie Bach-Kantaten gesungen. Haben Sie damals gewusst, was Sie singen?

Ja, weil mein Vater Bach sehr geliebt hat. Ich wusste, sie sind etwas ganz Spezielles, ganz vornehm und vor allem ganz ehrlich. Das wusste ich schon mit sieben Jahren. Was ich später erfahren habe, ist, worum es sich wirklich handelt, und wie schwer und wie toll diese Musik ist.

Was war das erste Bild von Deutschland, das Sie hatten?

Mein Vorsingen in Stuttgart. Das war 1956, *last century*. Ich bin zusammen mit meiner Mutter gekommen, wir haben uns eine Pension gesucht zum Schlafen, und am nächsten Vormittag war dann das Vorsingen in der Oper. Ich fing mit der Gräfin aus „Figaros Hochzeit" an, und nach drei Minuten sagte der Generalintendant: „Stop!" *(lacht)* und ich dachte, oh Gott! Und da sagt er: „Singen Sie nur Mozart?" Ich sage: „Nein, ich singe auch andere Sachen." – „Was könnten Sie noch singen?" Ich antworte: „Was Sie wollen, ich habe alle Arien vorbereitet." Da meint er: „Kennen Sie die Arie *Vissi d'arte* aus ‚Tosca'?" Ich hatte die Arie ein paar Mal gesungen, und als ich sie nun zum Besten gab,

sagte er: „Dann haben Sie jetzt Ihren ersten Vertrag als Tosca." Ich war begeistert. Und mein erstes Bild von Deutschland, wo ich in der Nacht zuvor angekommen war, war dieser Park mit dem Theater darin. Und ich war so *frightened*, wissen Sie? Ich hatte solche Angst, aber es war so großartig: Ich kriege meinen ersten Vertrag – das ist mein erstes Bild von Deutschland.

Die erste mehrjährige Station, das erste richtige Engagement für Sie war an einem Haus in Bremen. Wie ist Ihnen das Bremer Publikum begegnet?

Ehrlich gesagt, die haben mich sehr geliebt … Meine erste Vorstellung war „La Bohème".

Das wissen Sie noch!

Ja, weil – Sie müssen wissen – der Tenor damals war sehr berühmt, Sandor Konya. Ich hatte die „Bohème" bisher immer auf Italienisch gesungen. Und plötzlich war da die deutsche Sprache, das war für mich sehr schwer. Ich konnte den Bogen nicht halten, die richtige Puccini-Linie, denn ich beherrschte die deutsche Sprache nur sehr schlecht. Und ich erinnere mich, im dritten Akt, da habe ich plötzlich, ohne es zu wollen, eine Phrasierung auf Italienisch gesungen. Und Sandor Konya hat mir auf Italienisch geantwortet! Und er sagte zu mir: „Singen Sie auf Italienisch! Ihre Stimme klingt viel schöner so." Dann hat er einfach weiter mit mir auf Italienisch gesungen. Das war auf einer Art Vorsingen. Und nach diesem Vorsingen kam der Intendant zu mir und sagte: „Sie haben einen Dreijahresvertrag." Na, ja, dort habe ich angefangen, zu singen und zu lernen. Und ich habe das Glück gehabt, Heinz Wahlberg als Dirigenten zu haben. Und Georg Alexander Abresch auch, da habe ich richtig etwas gelernt.

Was hat es Ihnen so schwer gemacht, die deutsche Sprache zu lernen?

Für uns *latinos* ist sie schwer, die deutsche Sprache. Ich habe es tüchtig versucht mit Büchern, und ich war auf einer Sprachschule, ich habe es wirklich versucht. In der Zeit damals war ich vielleicht nicht perfekt, aber ich konnte immerhin Briefe schreiben. Im Theater, bei den Proben, ging den ganzen Tag alles auf Deutsch und alle Vorstellungen sowieso. Nur wenn meine Eltern mich manchmal besucht haben und mein Bruder auch, dann haben wir auf Katalanisch gesprochen, unserer Muttersprache.

Können Sie sich heute vorstellen, dass man im Deutschen Liebesbriefe schreiben kann?

Ja, ich kann. Und ich bekomme auch welche.

Was verraten Ihnen die Briefe, die Ihnen die Deutschen schreiben, über das Land?

Die sind voller Hoffnung. In den Briefen, die ich bekomme, ist viel von Sehnsucht die Rede, die Seele der Menschen ist dabei, und sie sind so dankbar und glücklich, dass ich deutsche Musik singe. Sie können sich nicht vorstellen, wie viele Briefe ich bekomme, weil ich deutsche Opern oder deutsche Arien singe! Das ist … also, sie bedanken sich! Es ist unglaublich! Für mich ist das normal, aber die finden das vielleicht nicht normal, ich weiß es nicht.

Woran würden Sie ein deutsches Publikum erkennen, wenn Sie nicht wüssten, auf welcher Bühne Sie gerade stehen?

An der Stille. Es herrscht großer Respekt der Bühne gegenüber oder der Konzerthalle. Das merkt man sofort. Die husten sogar kaum. Wirklich! Kein Bonbonrascheln. Kein Handy *(lacht)*. Wirklich! Es ist sehr ruhig, und du singst frei.

Haben Sie einen leichten Zugang zu Wagner gefunden?

Ja, mein erster Wagner war „Rienzi" in Bremen, dann hatte ich „Lohengrin" als Zweitbesetzung, aber schließlich habe doch ich gesungen. Und „Tannhäuser", den habe ich auch gemacht, sogar im Ausland, nicht nur in Deutschland. Mit großem Erfolg. Plötzlich wurde jemand krank, und die hatten keine Venus. Ich habe so viele Male den „Tannhäuser" gesungen, deswegen habe ich gesagt, ich könnte ihn zwar nicht auswendig, aber die Venus, die könnte ich. Und damit die Vorstellung nicht platzte, hatte ich plötzlich die Partitur in der Hand und Blumen – und habe die Venus gesungen. Später habe ich die Walküre gesungen und die Sieglinde. Und ich habe immer davon geträumt, mal die Isolde zu singen. Das habe ich denen in Madrid und in Barcelona gesagt, und sie haben meinen Wunsch erfüllt, mit einer sehr guten deutschen Compagnie. Das war wunderbar.

Nehmen Sie heute noch einen Unterschied zwischen Ostdeutschland und Westdeutschland wahr?

Nein, nicht mehr, aber trotzdem muss ich zugeben, dass ich glaube, man braucht noch zwanzig Jahre mindestens, bis sich die Menschen als Brüder fühlen. Weil die Leute, die an der Macht sind, manchmal ein bisschen zu streng sind. Man darf nicht vergessen, dass der andere ein Bruder ist. Die konnten nichts dafür, dass diese Mauer da war.

Wenn Sie im Ausland auf Tournee sind: Welche deutsche Landschaft kommt Ihnen am ehesten in den Kopf, wenn Sie an Deutschland denken?

Zwei. Die eine ist die Nordsee, die ich sehr liebe, weil sie eine spezielle Anziehungskraft für mich hat. Sie ist voller Kraft, manchmal mit Gewalt, aber trotzdem ist sie stark. Und das andere ist der Schwarzwald. Weil die Berge dort nicht so hoch sind wie die Alpen, aber dafür harmonisch und warm. Du fühlst dich geborgen, aber nicht allein. Es ist der richtige Platz, wenn man Ruhe sucht. Manchmal habe ich danach gesucht, und habe sie dort gefunden.

Empfinden Sie die Deutschen als romantisch?

Ja, das wollen die zwar nicht zugeben, aber sie sind romantisch. Und sogar die jungen Leute, nicht nur die alten.

Ist es Ihnen leicht gefallen, Wagner zu verstehen?

Ich glaube, ich verstehe Wagner. Vielleicht kenne ich Wagner nicht so gut, wie man sollte, weil ich vielleicht nicht so viel Wagner gelesen habe, aber ich habe ihn doch mit großer Freude gesungen.

Und es war Ihnen nie fremd, diese Sagen, diese Düsterheit, dieses Mythologische ...

Nein, wieso? Schauen Sie, im Belcanto, da ist alles mythologisch. Wagner ist ein bisschen wie Deutschland. Er ist stark, er ist solide. Belcanto ist mediterran, immer im Wechsel.

Belcanto hat mehr Humor?

Belcanto ist wie das Mittelmeer, manchmal glatt wie ein See und manchmal wie eine Sturmflut.

Wie würden Sie diese unterschiedlichen Charaktere der Deutschen beschreiben?

Was ich sehr bewundere: Sie fühlen sich als Deutsche *(zieht einen imaginären Zylinder)*. Davor habe ich großen Respekt, übrigens auch vor den Franzosen, weil die auch so sind. Ich finde, dass ein Volk den Patriotismus ausmacht. Das funktioniert nicht in jedem Land. Leider. Man kann verschiedene Meinungen haben, verschiedene Religionen, aber trotzdem ein Land sein. Und wenn das nicht funktioniert, ist das Land für mich kaputt. Entschuldigung, aber das ist meine Meinung. Aber in Deutschland, glaube ich, funktioniert das.

Und was repräsentiert für Sie Deutschland?

Ein frischer Duft, wie das *Eau de Cologne*, das ich immer getragen habe, *4711*, und auch ein gutes Getränk, ein Kölsch, das ich so sehr liebe. Überall, wo ich bin.

John Neumeier

Choreograf

Herr Neumeier, gibt es überhaupt so etwas wie ein deutsches Tanztheater, wie deutsche Bewegungsformen, wie das Deutsche im Tanz?

Ich glaube, nicht mehr. Bei deutschem Tanztheater denkt man sofort an Pina Bausch, bei modernem Tanz an Mary Wigman und die ganze Bewegung der dreißiger Jahre. Aber heute ist das Moderne wohl eigentlich, dass diese Formen miteinander verschmolzen sind. Das ist einerseits gut und andererseits schlecht. Ein Choreograph, der heute arbeitet, profitiert dadurch; er kann auf ganz viele und vielfältige Bewegungsformen zurückgreifen. Negativ ist, dass man eigentlich nichts mehr richtig auseinander nehmen kann. Und zu Ihrer Frage: Was deutsch daran ist, ist schwer zu definieren. Ich meine, bin ich ein deutscher Choreograf? Ich jedenfalls kann das nicht beantworten.

Für Außenstehende überraschend ist die Tatsache, dass es relativ viele ausländische Solotänzer und Choreografen in Deutschland gibt. Haben Sie eine Erklärung dafür?

Ich glaube, dass Deutsche von der Anatomie, vom Körperbau her, für Tanz nicht besonders geeignet sind, im Gegensatz zum Beispiel zu den Franzosen. Tanzen gehört nicht zu den üblichen deutschen Talenten. Vielleicht kommen daher so viele Ausländer.

Diese fehlende Begabung bei den Deutschen könnte man physiognomisch erklären, man könnte sie aber auch der Mentalität zuordnen.

Sicher. Das hat auch damit zu tun, dass die deutschen Eltern bei der Erziehung ihrer Kinder wahnsinnig vorsichtig sind und glauben, dass Ausbildung sehr wichtig ist, um später viel Geld verdienen zu können. Tanzen passiert daher nur so nebenbei, als Hobby. Tanzen als Unterrichtsfach ist hier, glaube ich, unvorstellbar. Das hat sicher mit der Mentalität zu tun.

Wobei man den Deutschen immer Disziplin zuschreibt, und das könnte sich nun wiederum mit Ihrem Metier gut vereinbaren.

Das ist wahr, aber Disziplin ist nicht alles. Das ist ja auch das Traurige an diesem Beruf. Man kann wahnsinnig diszipliniert arbeiten und wahnsinnig fleißig sein und voller Hingabe. Doch wenn der Körper nicht stimmt und kein Talent da ist, dann hilft das auch nicht.

Wie viel Deutsche sind im Augenblick ungefähr in Ihrer Compagnie?

Schätzungsweise zehn.

Das ist nicht viel.

Nein. Das ist sicher hoch gerechnet *(beide lachen)*.

Hat diese Compagnie eine eigene Identität?

Ich glaube schon. Ich glaube, die Identität dieser Compagnie liegt in der Vielfalt der Menschen. Was mich sehr fasziniert an diesen Menschen und was ich gern in dieser Mischung mag, ist, wenn jemand eine starke Identität hat, aber die Bereitwilligkeit besitzt, sich auch als Teil einer Gruppe zu verstehen. Das ergibt eine unglaublich starke Dynamik.

Hört man Bach anders, nachdem man in Deutschland gelebt hat?

Manchmal hört man ihn zum ersten Mal, wenn man nach Deutschland kommt *(beide lachen)*. Aber ich glaube mich zu erinnern, dass ich Bach sogar in Milwaukee gehört habe. Die „Matthäuspassion" habe ich allerdings zum ersten Mal in meinem Leben in Deutschland gehört

Mit welchem Eindruck?

Das war ein umwerfender Eindruck. Und schon beim ersten Hören habe ich die Entscheidung getroffen, dass ich das eines Tages choreografieren würde. Das hat natürlich zehn Jahre gedauert, bevor ich es wirklich getan habe, und das zu einer Zeit, wo ich sonst kaum choreographiert habe. Das war daher für mich ein sehr intensives Erlebnis und gleichzeitig das Erlebnis dieser großen Musik.

John Neumeier

*Was war der Kern der Idee, die „Matthäus-
passion" zu choreografieren?*

Ich glaube, da war zuerst eine emotionale
Reaktion auf die Musik, diese sehr formelle
Musik, die für mich gleichzeitg total emotional
ist. Und dann stellte sich mir einfach die Form
als absolut ideal für Tanz dar. Bei der „Matthäuspassion" handelt es sich um ein starkes Drama,
das ständig unterbrochen wird durch Reaktionen, durch Meditationen, durch Nachdenken.
Und das kann man wunderbar durch Tanz
ausdrücken. Wir sind ja nicht bei der Zeitung,
sondern für uns ist wichtig, dass wir abstrakte
innerliche Räume, innerliche Dimensionen
durch Tanz darstellen können. Und all das habe
ich in der „Matthäuspassion" gehört – die
Möglichkeit, eine Geschichte zu erzählen,
aber gleichzeitig auch nicht zu erzählen, und
die Möglichkeit, die Menschen von heute, die
jetzt leben und jetzt hören, in dieses Geschehen
einzubeziehen.

Ist das verstanden worden?

Ich glaube, ja. Es ist ein bisschen so etwas wie
ein Kult-Stück geworden, und wir haben in der
ganzen Welt, von New York bis Tokio, mit sehr
großem Erfolg Gastspiele gegeben.

*Haben Sie von Ihren ersten Jahren in Deutsch-
land noch Erinnerungen an die Ausläufer des
Wirtschaftswunders?*

Dazu muss ich sagen, dass ich manchmal vom
gegenwärtigen Deutschland enttäuscht bin,
weil Kultur hier auf einmal große Probleme
bekommt. Damals war das anders, nicht so
aufgeregt, was wohl sehr viel damit zu tun hatte,
wie Ausländer damals akzeptiert wurden. Man
war einfach froh, gute Tänzer nach Deutschland zu bringen, weil man daran interessiert
war, etwas aufzubauen, das Qualität hat. Und
dieses Gefühl, dass Kunst wichtig war, das hat
für mich Deutschland ausgemacht. In Amerika
haben wir nicht in jeder Stadt ein Staatstheater!

Ich werde nie vergessen, wie ich nach Stuttgart kam und hörte, dass es so etwas wie eine Künstlerloge geben würde! Die Vorstellung, dass da oben im vierten Rang im Stuttgarter Theater vier, fünf Plätze bereitgestellt waren, wo jedes künstlerische Mitglied des Hauses zu jeder Vorstellung, zu jeder Oper hingehen konnte, trieb mir fast die Tränen in die Augen! Das war völlig neu für mich, so etwas gab es nicht in Amerika. Aber leider schaut Deutschland jetzt nur noch nach Amerika und versucht, dieses rein auf Kommerz abgestimmte Modell sinnlos nachzumachen.

Das hat wahrscheinlich nicht nur mit der Einstellung zum Geld, sondern auch mit der Einstellung zur Kultur zu tun, die sich verändert hat. Was hat die Mentalität der Deutschen in den letzten dreißig Jahren so umgedreht?

Wenn ich das wüsste … Ich könnte jetzt ganz klug etwas dahersagen, aber ehrlich gesagt, ich weiß es nicht. Vielleicht kann ich Ihnen diese Frage irgendwann einmal in vielen, vielen Jahren beantworten, wenn ich aufgehört habe zu arbeiten. Dafür muss ich erst noch ein bisschen recherchieren.

Ist Ihnen die deutsche Sprache inzwischen ein guter Freund geworden?

Was meinen Sie damit? *(beide lachen).*

Ich meine, haben Sie sich mit ihren Feinheiten, mit ihren Sentimentalitäten, mit ihren Möglichkeiten, präzise zu sein, mittlerweile angefreundet?

Ja, ich liebe diese Sprache! Ich habe sie allerdings nie richtig gelernt, das ist das große Problem. Als ich nach Stuttgart kam, bin ich immer ins Kino gegangen und ins Theater. Ich hatte sehr gute Freunde auf der Schauspielschule, und die haben viel über mich gelacht, weil ich immer Deutsch sprechen wollte. Dadurch habe ich es eigentlich sehr schnell gelernt, aber eben nicht richtig. Trotzdem liebe ich diese Sprache, und ich glaube, dass ich mich ziemlich gut artikulieren kann, auch wenn es grammatikalisch falsch ist. Einmal musste ich in Amerika bei einer Feierlichkeit zu Ehren meines alten Professors eine Rede halten, und auf einmal kam ein deutsches Wort aus meinem Mund, weil ich einfach die englische Vokabel für „Hingabe" nicht gefunden habe. Es gibt kein Wort im Englischen, das alles so ausdrückt wie das deutsche „Hingabe". Ich habe noch ein anderes Mal die Erfahrung gemacht, dass ich eigentlich ein Deutscher bin: Als ich in Kalifornien auf Tournee war, habe ich den Freund eines Freundes besucht, der schon über zwanzig Jahre in Amerika lebte. Zuerst sprachen wir Englisch miteinander. Und auf einmal wechselten wir ins Deutsche, und da sagte er: „Ach, Sie sind viel sympathischer auf Deutsch. Sie sind viel entspannter." Im Deutschen merke ich meine eigenen Fehler nicht und dadurch bin ich wahrscheinlich freier, auch mal verrücktere Dinge zu sagen.

Was hat es für Sie bedeutet, das Bundesverdienstkreuz zu erhalten?

Das war sehr schön. Das Schicksal hat ergeben, dass ich einen großen Teil meines Lebens in Deutschland verbringe und meine Kunst eigentlich ausschließlich hier realisiere. Und dass dieses Land das sieht und anerkennt, das hat mich sehr bewegt.

Wenn Sie je Heimweh hätten nach Deutschland, worauf bezöge sich dieses Heimweh?

Ich denke, nach der Selbstverständlichkeit von Kultur. Nach der Selbstverständlichkeit von Musik. Dass es – zumindest vor zehn Jahren noch – den Deutschen wichtig war, in jeder Stadt eine Oper und ein Ballett zu haben. Dass es wirklich eine Selbstverständlichkeit für sie war und nicht aus kommerziellen oder Imagegründen geschah. Ich glaube, das ist es, was mich mit diesem Land verbindet.

Was repräsentiert für Sie Deutschland?

Das ist schwierig *(macht eine Pause, schließt die Augen).* Ich kann diese Frage nicht beantworten. Ich kann sie nicht beantworten, weil ich denke, jede Antwort darauf wäre erfunden.

Herbie Hancock

Jazzmusiker

Wie nehmen Sie Deutschland wahr?

Wie nehme ich Deutschland wahr? Deutschland ist ein wunderschönes Land, hat eine reiche Geschichte, eine wunderbare Kultur, Philosophen, die großen Einfluss auf die Welt gehabt haben. Hat im Laufe der Geschichte grauenhafte Fehler gemacht – wie wir wissen – und hat sich schwer getan, mit den Folgen und Nachwehen umzugehen. Hat sich nach der Wiedervereinigung auch schwer getan, den Osten aufzunehmen. Die Deutschen haben den Ruf, sehr steif, sehr strikt und nicht flexibel zu sein. Deutsche sind immer pünktlich und nicht sehr tolerant. Auf der anderen Seite sind die Leute hier sehr warmherzig und sehr tief schürfend. Sie haben eine Menge unglaublicher Eigenschaften und immer noch sehr viel, was sie der Welt schenken können. Ich weiß, dass sie großartige Menschen abgeben, denn ich habe mal eine von ihnen geheiratet. Deshalb bin ich an all das ziemlich gewöhnt. Meine Frau würde dem, was ich gesagt habe, aus vollstem Herzen zustimmen. Ich liebe es, hier zu sein. Es macht Spaß.

Helge Timmerberg

Reiseschriftsteller

*Helge, mit 17 Jahren verlässt du Deutschland,
um auf dem Landweg Indien zu erreichen. Wie
sah das Deutschland aus, das du hinter dir
lassen wolltest?*

Nun, auf jeden Fall war es grau. Die Häuser, der
Zement, die Wolken, die Gesichter, die Mentalität. Bis zum siebzehnten Lebensjahr lebte ich
als ganz normaler Deutscher in Deutschland,
habe Tischtennis gespielt, war in irgendwelchen
Banden, bin ins Kino gegangen, war schlecht in
der Schule. Dann wollte mein Vater, dass ich
eine Lehre als Textil-Groß- und Außenhändler
mache, weil da ein Onkel saß und das irgendwie
arrangiert werden konnte. Und er sagte immer:
„Wenn du da Karriere machst, wirst du mal
Seideneinkäufer in China." Das war aber überhaupt nicht mein Ding. Ich fuhr dann mit der
Berufsschule nach Amsterdam, ging ins
Paradiso und sah eine unglaubliche Szene:
Die Leute lagen zum Teil übereinander, die
Band sang „Born to be wild", Steppenwolf und
so. Der Sänger auf der Bühne war ganz in
schwarzes Leder gekleidet und hielt sich ständig den Mikrophonständer zwischen die Beinen.
Ich hatte so etwas noch nie gesehen. Und ich
traf jemanden aus Bielefeld – da komme ich
her –, der mir meinen ersten Joint anbot. Ich
fand es gut, obwohl ich mich viermal übergeben
musste. Ich weiß noch genau, dass ich draußen
auf dem Kopfsteinpflaster lag und das Pflaster
vom Regen geglänzt hat. So fing es an. Durch
das ganze Haschisch und LSD in jungen Jahren
wurde dann meine eine Gehirnhälfte total
zerstört. Ich kann mir bis heute keine Telefon-
nummern merken. Auf der anderen Seite entwickelte sich eine große Sensibilität für Musik,
Bilder, Träume … Deshalb kam mir Deutschland
dann auch so unattraktiv vor, sinnlich einfach
völlig hart, verstehst du? Das alles erschien mir
plötzlich total sinnlos.

*Das heißt, kurioserweise sensibilisieren dich
die Drogen für eine Sicht auf Deutschland,
die es dir gleichzeitig fast unmöglich macht,
in Deutschland zu bleiben.*

Komischerweise eigentlich nicht. Jeder Kulturbereich hat sich zusammen mit seinen Drogen
entwickelt. Die wichtigste Droge bei uns ist
ganz klar Alkohol. Wenn ich mit meinen Kumpels
was trinke, fühle ich mich in Deutschland
unheimlich wohl. Die wissen genau, worüber
ich rede.

Aber es ist eine dumpfe Droge.

Natürlich, komplett dumpf. Haschisch kommt
aus einem ganz anderen Kulturbereich, dem
Orient. Als ich 1990 das erste Mal nach
Marokko kam, wurde mir klar: Hier bin ich zu
Hause. In die Fliesen und Kacheln dort haben
sich zweitausend Jahre Kiffen eingegraben –
man muss sie nur angucken, um bekifft zu
werden. Als ich in den sechziger Jahren in
Deutschland einmal bekifft Bus fuhr, kamen
mir Busfahrer und Passagiere wie Schweine vor,
sie sahen aus wie richtige Schweine. Schweine
in Busfahreruniform, mit Taschen und Hütchen!
(beide lachen)

*Welchen kulturellen Resten, die noch an
Deutschland erinnern, begegnet man eigentlich,
wenn man sich mitten in einer Wüste befindet?*

Vor allem begegnet man zu hundert Prozent
sich selbst. Irgendwann erzählte mir jemand
eine Geschichte von einem Typen wie mir. Der
kam in Amerika in ein Indianerreservat, aß in
der Hütte des Häuptlings und ließ sich über die
Deutschen aus: sie könnten nicht lachen, hätten
keinen Humor, seien stur und so weiter. Der
Indianerhäuptling antwortete ihm: „Pass auf,
raus aus meiner Hütte! Wer so über seinen
Stamm redet, den will ich nicht in meinem Zelt!"
Diese Geschichte hat etwas bei mir verändert,
schließlich – was mache ich denn schon?

*Aber du kommst doch an die Grenzen der
Kultur, und da gibt's dann nur noch in Splittern
irgendetwas, das man deutsch nennen würde,
oder Wissen über das, was Deutschland ist.*

Die Orientalen zum Beispiel nennen einen
Mercedes *camel alemán*. Und drei Mercedesse
sind dann eine *caravan alemán*. Womit du
konfrontiert wirst, egal, ob in der Wüste, bei
irgendwelchen Ziegenhirten in Afghanistan
oder im Amazonas, sind eigentlich immer zwei
Dinge: mit dem berühmtesten deutschen Fuß-
ballspieler und mit Hitler – vor allem im Orient,
den ich schwerpunktmäßig bereist habe,
weil ich ihn am meisten mag.

Kommt Hitler als negative Figur vor?

Nein, als komplett positive! Immer kommt dieses
„Hitler gut". Und dann sagst du: „Nein, Hitler
nicht gut" oder so und versuchst, dich da irgendwie rauszulügen. Weil es keinen Sinn hat, einem
Ziegenhirten politische Bildung beizubringen.
Man hat auch gar nicht die Motivation und will
eigentlich nur weiter.

Man ist kein Aufklärer.

Man ist kein Aufklärer. Vor allem deshalb nicht, weil solche Äußerungen so stereotyp sind und die Leute wirklich keine Ahnung haben. Wenn die wüssten, was Hitler verbrochen hat, würden sie das auch nicht sagen.

Wenn du versuchen würdest, Deutschland durch die Augen eines solchen Ziegenhirten zu sehen, was glaubst du, woraus bestünde dieses Land? Ist das ein kaltes, hoch technisiertes, maschinelles Land?

Ich habe zwei Jahre in Kuba gelebt. Ich hatte den Eindruck, die Kubaner glauben wirklich, in Deutschland wachsen die RayBans von den Bäumen und die Lippenstifte sprießen wie Spargel aus dem Boden. Deutschland gilt als Paradies: materielle Sicherheit, materieller Wohlstand, und alles ist geregelt.

Wie wirkt in der Konfrontation mit allen Frauen der Welt das deutsche Gretchen?

Das deutsche Gretchen, ach ja. Eine Szene hat mich besonders gerührt: Ich war mit meiner Freundin, die ich noch nicht lange kannte, in einem Hotel in Tanger, liege so im Bett, und plötzlich fängt sie an, meine Hemden zusammenzulegen und säuberlich zu stapeln. Da hätte ich sie beinahe geheiratet! Das war richtig stark. An den Marokkanerinnen fiel mir eine gewisse Anmut auf. Ihre Art, sich auf ein Sofa zu legen, eins zu werden mit dem Kissen. In Kuba war es diese unglaublich ausgeprägte Sexualität bei den Frauen dort – schon wie sie gehen,

wie sie reden. Ich war neun Monate mit einer Salsa-Tänzerin zusammen. Am Anfang dachte ich: Deutsche Frauen, ciao! Ich habe unheimlich viel über Gefühle und Emotionen gelernt. Bei einer Diskussion habe ich mal drei Zähne verloren!

Mit einer Frau?

Ja, wir hatten Streit, und meine Freundin schlug mir eine Teetasse vor die Zähne. Da waren drei Zähne weg.

Da hast du gesagt: „Prima, hier bleib' ich."

Ja, aber nach einiger Zeit sehnte ich mich nach dem guten Gespräch. Zum Beispiel hat meine Freundin nicht verstanden, dass ich gern ein eigenes Schlafzimmer hätte, obwohl wir in unserer Wohnung in Havanna drei Schlafzimmer hatten. Für sie war das wie eine Trennung. Sie hat tagelang nur noch darüber gesprochen, dass ich sie nicht mehr liebe. Und als sie mich in Deutschland besuchte, hat sie sofort zu Hause angerufen und gesagt: „Helge ist ein Chinese", weil bei mir alles auf dem Boden abläuft. Ich sollte sofort Stühle und so weiter kaufen … So ging das dann kaputt. Ich begann, mich nach der Kommunikation mit deutschen Frauen zu sehnen.

Was repräsentiert für dich Deutschland?

Na, sagen wir mal, es hat sich viel geändert. Zum Beispiel vermisse ich unterwegs immer die Lockerheit der deutschen Taxifahrer. Ich war jetzt gerade wieder in Spanien, da hast du immer dieselbe Art von Taxifahrern, mit denen hast du wirklich überhaupt nichts zu beschwatzen. Das ist schon ein unangenehmes Gefühl. Deutschland hat inzwischen die besten Taxifahrer.

Pat Binder

Künstlerin

Frau Binder, Sie sind in Argentinien geboren, Ihr Name klingt deutsch. Hat er für Sie eine symbolische Bedeutung?

Bis zu meinem dreißigsten Lebensjahr habe ich in Argentinien gelebt und bin zweisprachig aufgewachsen. Mein Name ist deutscher Herkunft, das ist klar, meine Großeltern waren Sachsen aus Siebenbürgen. Die symbolische Bedeutung hatte sicher mit „Binder", „Buchbinder", „Besenbinder" zu tun, aber in der aktuellen Zeit würde ich eher „verbinden" sagen, im Sinne von *network*. In meinen Arbeiten versuche ich immer, Leute in Kontakt zu bringen, und auch über meine Arbeit mit dem Internet ist das ganz konkret geworden.

Löst das die Grenzen des Landes und damit auch die Grenzen des Begriffes „Heimat" auf?

Wenn man an die ganzen virtuellen *communities* denkt, zum Teil sicher schon, das sind ja hauptsächlich Interessengemeinschaften, und das kann dann auch über die Grenzen hinaus sehr wichtig werden. Zum anderen weiß man natürlich, dass in Zeiten der Globalisierung, wo die Verunsicherung wächst, so etwas wie Heimat als Selbstbestätigung einen größeren Wert erzielt.

Sie selbst haben Heimat immer mit Abstand betrachtet und haben gleichzeitig eigentlich die Kunst als den Raum der Heimat beschrieben. Könnten Sie differenzieren, worin Kunst Heimat sein kann?

Kunst ist in dem Sinne Heimat, als sie Selbstbefragung verkörpert und dadurch vielleicht der Begriff „Heimat'"nicht mehr so etwas Starres ist, sondern sich neu definieren muss. Ich habe ja auch aus den verschiedenen Heimaten, in denen ich mich aufgehalten habe, etwas mitgenommen. In diesem Zusammenhang würde ich sagen: Meine Heimat ist meine Kindheit, die Erinnerungen und meine Familie. Die Kunst fängt da an, wo ich diese verschiedenen Heimaten zusammenbringen kann.

Haben Sie das Gefühl, dass sich in der Internet-community eine eigene Nation herausbildet und damit auch ein eigenes Gefühl von Zugehörigkeit entsteht?

Ja, das finde ich wohl, und ich empfinde es vor allem als unheimliche Bereicherung, dass sich das so vervielfältigt, dass da so viele Nationen, so viele Gruppen, so viele Interessen sind.

Bei denen es dann eine Rolle spielt, dass sie alle an demselben Kommunikationsapparat teilnehmen – gegenüber denen, die außen vor bleiben.

Diese Entwicklung muss man mit viel Problembewusstsein behandeln, denn es wird ja immer noch die geben, die nicht den Zugang haben. Gefährlich wird es dann, wenn Leute im Internet für diejenigen das Wort ergreifen, die nicht einmal wissen, *dass* man von ihnen spricht. Das ist ein großes Problem.

Sie haben am Anfang so selbstverständlich davon gesprochen, dass Sie eigentlich mit zwei Sprachen aufgewachsen sind. Die zweite Sprache war Deutsch, glaube ich …

Ja, Spanisch habe ich natürlich in Argentinien gesprochen, aber meine Eltern haben alles daran gesetzt, dass ihre Kinder, also mein Bruder und ich, die deutsche Sprache erlernen. Aber ich spreche sie nicht so fließend wie Spanisch. Wobei jetzt, wo ich schon mehrere Jahre aus Argentinien weg bin, hapert es sogar mit dem Spanischen; man sitzt irgendwie zwischen den Stühlen, man ist nicht hier und nicht dort. Aber das ist auch gut so.

Werden Sie in Deutschland alles in allem argentinischer als in Argentinien?

Nein, das ging mir eher so, als ich zum Beispiel in Kanada wohnte. Da hatte ich schon eher das Gefühl, dass ich ausschließlich Argentinierin war. In Deutschland spielt diese Dualität von Kopf und Herz eine größere Rolle, wobei die deutsche Seite für Rationalität steht und die Latino-Seite fürs Herz.

Das ist bezeichnend, dass man den Deutschen eher den Kopf zuschreibt, oder? Ist das aus Ihrer Sicht eine Stärke oder ein Manko?

Beides. Wenn Rationalität mit fehlender Flexibilität zusammenhängt, ist das sicher ein Manko. Aber wenn Rationalität mit Kreativität zu tun hat, dann steigert sich das natürlich ganz phantastisch.

Bei Ihnen liegt ja das, was Sie mit dem Deutschen verbindet, auch in den Gebräuchen, die in Argentinien noch erhalten waren, also Weihnachten oder Nikolaus. Wie ist heute die Beziehung zu all diesen Sitten?

Eine der stärksten Erinnerungen an meine argentinische Heimat ist das deutsche Weihnachtsfest. Das Komische ist nur: Wenn ich hier im August an einem schwülen Tag durch die Straßen gehe, dann riecht das für mich nach Weihnachten, weil in Argentinien ja im Dezember Hochsommer ist. Es war ganz verrückt, wir haben dann bei vierzig Grad Kekse gebacken, und weil es keinen Schnee gab, die widersinnigsten Dekorationen gebastelt. Aber es war schön!

Wenn Sie sich mit den Deutschen identifizieren könnten oder wollten, fiele Ihnen das leichter mit den Menschen aus der ehemaligen DDR oder mit den Westdeutschen?

Ich würde sagen, fast eher mit den Ostdeutschen, denn ich habe ja auch die Erfahrung einer Militärdiktatur erlebt, wenn auch von rechts. Was mich hier verblüfft, ist, dass die Zeit der Teilung nach zehn Jahren noch so aktuell und noch so wenig aufgearbeitet ist. Eine Schwierigkeit dabei ist sicher, dass die Erfahrungen einer ganzen Gesellschaft, nämlich der der Ostdeutschen, keine Rolle mehr spielen. Die Wiedervereinigung hätte eigentlich eine Neuerfindung der ganzen Bundesrepublik sein sollen und nicht so eine Vereinnahmung. Aber ich denke, das kann noch geschehen, da arbeite ich auch dran, das ist mein Beitrag, und ich denke, auch der Beitrag vieler meiner Mit-Ausländer.

Können Sie Ihren Beitrag genauer beschreiben? Ich weiß, dass Sie einen Wettbewerb gewonnen haben, „Kunst am Bau" mit einem Käthe-Kollwitz-Projekt. Haben Sie Käthe Kollwitz als eine Art Gewissen Deutschlands empfunden?

Sie ist für mich immer schon, auch in Argentinien, eine Leitfigur gewesen. Darin lag allerdings auch das Grundproblem, das ich bei diesem Wettbewerb hatte. An dem ehemaligen Haus – also an dem Standort, wo früher ihr Haus war – sollte laut Wettbewerb ein Kunstwerk entstehen. Aber da stand früher schon mal eine Plastik von Käthe Kollwitz selbst. Und in meiner Vorstellung sollte mein Beitrag dann irgendwie ein Kollwitz-Ersatz sein. Das kann ich nicht wagen, das darf man nicht, war meine erste Reaktion. Und dann habe ich mir einfach etwas ganz anderes gedacht: eine Art Ausstellungsraum in Form eines Leuchtkastens, in dem als Zeichen der Lebendigkeit dieses Denkmals alle drei Monate eine neue Arbeit von anderen Künstlern gezeigt wird.

Und Sie, die Sie sich selber einmal als künstlerische Gastarbeiterin bezeichnet haben, werden dann zur Gastgeberin, die anderen die Möglichkeit gibt, ihre Kunst auszustellen. Sehr im Geiste Käthe Kollwitz' wahrscheinlich …

Das zu behaupten, würde ich nicht wagen. Das waren andere Zeiten damals. Wahrscheinlich hätte sie das Projektgeld für andere Zwecke ausgeben wollen, die nicht mit Kunst zu tun haben. Und sie hätte Recht! Aber das zu berücksichtigen war nicht meine Aufgabe in dem Moment. Oder doch! Ich weiß nicht, man muss sich auch immer wieder selbst befragen.

Falls Sie irgendwann einmal das Gefühl gehabt haben, sich das Land regelrecht erarbeiten zu müssen, welche Wege sind Sie dann gegangen?

Nicht warten, dass man mir etwas gibt, sondern sehen, wo ich selber etwas zu bieten habe. Und Verantwortung übernehmen, auch wenn man nicht die deutsche Staatsbürgerschaft hat. Ich denke, das hat für mich vieles einfacher gemacht.

Gibt es irgendetwas Einzelnes, das für Sie Deutschland repräsentiert oder repräsentieren könnte? Für Sie persönlich?

Musik, und zwar hauptsächlich Kammermusik. Was mich dabei so fasziniert, ist die Möglichkeit, bestimmte Leute zu einem Dialog zusammenzuführen, die vollkommen unabhängig von ihren jeweiligen Kulturen gemeinsam das Werk Bachs oder Brahms' oder wessen auch immer neu erfinden und eine Harmonie kreieren.

Wim Wenders

Regisseur

Wim, wie wirkt Deutschland auf dich, vom Ausland aus betrachtet?

Sehr unwirklich und sehr unwahrscheinlich. Ich muss immer erst nach Deutschland kommen, um Deutschland verstehen zu können. Vom Ausland her gesehen, reduziert sich Deutschland für mich auf die deutsche Sprache. Das ist mein Gepäck, das ist mir das Liebste in diesem Land. Und das Land selbst – kaum dass ich weg bin, verwischt sich das, ich weiß dann nicht mehr so genau, was ich darüber denken soll.

Und wenn du dich nach deiner eigenen Identität fragst, spielt das Land dann überhaupt eine Rolle?

Das Land als Ort kaum. Schon als Kind hat es diese Rolle nicht gespielt. Ich war nie jemand, der sich zu Hause fühlte an einem Ort, oder der sich zurückgesehnt hat, sagen wir mal, ins Rheinland oder nach Düsseldorf oder ins Ruhrgebiet. Das sind alles Gegenden, die ich mochte, aber ich habe es nie so empfunden, dass ich dieses Deutschland als Ort brauche; ich brauche es eher als sprachlichen Ort, für mich ist mein Heimatgefühl an die deutsche Sprache gebunden, da bin ich zu Hause.

Gibt es eine Form von negativer Identifikation, du liest etwas über deutsche Politik in der Zeitung und das trifft dich stärker, weil es das Land ist, in dem du geboren wurdest?

Nein, das ist mir mit Politik nie so gegangen. Damit habe ich mich nie richtig identifiziert. Einmal vielleicht ist es mir so gegangen, als ich fünfzehn oder sechzehn war und eine lange Reise durch Frankreich gemacht habe und in der Bretagne gelandet bin. Ich bin dann auch in Dörfern gelandet, wo seit dem Kriegsende kein Deutscher mehr war. Da bin ich mehrfach fast gelyncht worden und habe gedacht, mein letztes Stündchen hat geschlagen. Die Leute hatten dann irgendwann ein Einsehen, dass sie mich doch nicht so mit diesem Land und all ihrem Hass in Verbindung bringen durften, und letzten Endes habe ich auch viele Freunde in der Gegend gewonnen. Aber es war das erste Mal, dass ich gemerkt habe, wie man vor allem im Ausland mit der Geschichte identifiziert wird und dass man als Deutscher dann oft dafür büßen soll.

Und der Affekt hat dir in diesem Augenblick gesagt, ich wäre lieber kein Deutscher, oder jetzt bin ich gerade deutsch, weil ich angefeindet werde?

Ich wollte aber weitermachen. Gerade deswegen hat es mich gereizt. Ich wollte auch etwas aufarbeiten, ein bisschen auch auf den Spuren meines Vaters wandeln, der fast den ganzen Krieg in Frankreich zugebracht hat und bestimmt keiner von den hässlichen Deutschen war. Ich wollte an irgendetwas anknüpfen und

auch irgendetwas zurechtrücken – nicht so wissentlich und willentlich wie ich das jetzt sage, aber irgendwo im Hinterkopf habe ich immer gedacht, ich mach' weiter, jetzt erst recht. Das lasse ich jetzt nicht auf mir sitzen.

Und hat dieses Anknüpfen stattgefunden oder ist es ausgeblieben?

Doch doch, es hat stattgefunden. Bis hin zu einer wirklich dramatischen Zusammenkunft mit einer jüdischen Familie in dem Ort Doisnené. Ich bin auf dieser Wanderung nämlich krank geworden und mit hohem Fieber in der Gegend herumgestapft. Und habe schließlich an eine Tür geklopft und wollte ein Glas Wasser für meine Aspirintablette. Die Frau hat gesehen, dass ich nicht in Ordnung war und mich hereingebeten und mir den Kopf gehalten und gesagt: „Jetzt aber ab ins Bett!" Es gab noch einen Sohn, der kam später aus der Schule, er war ungefähr in meinem Alter, und wir haben uns gut verstanden. Und gegen Abend wurde die Familie sehr bedenklich, ob man mich über Nacht dabehalten sollte. Schließlich hat die Frau entschieden, ich sollte dableiben, und erst da habe ich begriffen, wo das Problem war: Der Vater würde nach Hause kommen, und der war Jude und der einzige Überlebende seiner Familie. Und der hat mich dann sofort vor die Tür gesetzt. Als er hörte, wer da in seinem Haus wohnte, hat er nur eine Geste gemacht, kein Wort, aber da war klar, ich musste gehen. Ich habe also mein Ränzlein geschnürt und bin raus und stand vor der Tür, und dann kam der Sohn zu mir und sagte, sein Vater hätte gesagt, ich solle wieder hereinkommen. Dann hat er mir seine Geschichte erzählt und ich habe nur zugehört, zwei Stunden lang. Von all seinen Brüdern und Schwestern, seiner ganzen Familie, wie er als Einziger überlebt hat, und danach hat er gesagt: „Jetzt kannst du auch bleiben." Mit der Familie habe ich dann eine langjährige Freundschaft gehabt, Brieffreundschaft.

Wenn du heute Deutschland wieder betrittst, dann hast du vielleicht eine präzisere Wahrnehmung dessen, was sich verändert hat oder wie die Stimmungslage ist, als jemand, der permanent hier ist. Was fällt dir auf?

Ich habe das damals, als ich acht Jahre in Amerika gewesen und dann zurückgekommen bin, sehr stark so empfunden. Unter anderem wegen dieser langen Abwesenheit habe ich „Himmel über Berlin" drehen können – das ist nämlich der Blick von jemandem, der lange weg war, auf dieses Land. Und der versucht hat, über seine eigene Kindheit noch einmal in dieses Land einzudringen. In letzter Zeit ist es mir nur einmal so gegangen, nämlich nachdem ich in Kuba war, einen Monat lag, und dann nach Deutschland zurückgereist bin. Kuba ist ein Land, wo es an allem mangelt, die Leute sind nicht nur arm, es ist wirklich erschütternd, was es alles nicht gibt und wie viel Entbehrung sie tragen müssen. Dieses ganze Informations- und Konsumzeitalter haben die Kubaner nicht mitgemacht, es ist so, als kehrte man in die frühen sechziger Jahre zurück, in seine eigene Kindheit. Und als ich dann zurück nach Deutschland gekommen bin, ist mir aufgefallen – und wirklich peinlich aufgefallen, das hat richtig wehgetan –, dass man ständig nur unzufriedene Leute getroffen hat. Beim ersten Taxifahrer angefangen: Alle haben sich nur beklagt! Da ist mir dann aufgefallen, dass das leider etwas ganz Typisches ist und dass in diesem Land, wo die Leute wirklich wenig Grund zum Klagen hätten, doch herzlich gern geklagt wird. Das ist mir ziemlich auf den Docht gegangen damals, aber dann bin ich nach Paris gefahren, und da war es ganz genauso, und also habe ich es dann als mitteleuropäisches Phänomen akzeptiert.

So entsteht Philosophie, wahrscheinlich … Der Film „Der Himmel über Berlin" wird vielfach als eine Liebeserklärung an Berlin verstanden . Wenn man es genau nimmt, ist es der Ort, an den Gott zwei Engel schickt, die von ihm abgefallen sind. Und die protestieren dagegen, dass er sich nach dem Zweiten Weltkrieg zurückzieht – also eigentlich ein Ort der Spaltung, der Verelendung, der Trauer. Ist Berlin das für dich?

Ja und nein. Berlin ist sowohl ein Ort, den ich furchtbar liebe, und die einzige Stadt in Deutschland, die ich ins Herz geschlossen habe und die für mich auch das Zentrum dieses Landes ist. Ich wäre damals sonst auch nicht nach Deutschland zurückgekommen. Aber gleichzeitig gibt es da so ein Gefühl, dass diese Stadt irgendwo – zumindest in der Vergangenheit – auch mal der Inbegriff der Hölle auf diesem Planeten war. Schon als Kind hat mich das immer beschäftigt, diese Bilder vom Kriegende in Berlin. Wenn es irgendwo die Hölle auf Erden gegeben hat, habe ich immer gedacht, muss es Berlin 1945 gewesen sein. Im Grunde war es der Führerbunker, sozusagen. Als wir „Der Himmel über Berlin" geplant haben, habe ich lange Zeit auch vorgehabt, diese Engel, die ja in der Zeit reisen und überall hin konnten, auch in die Hölle zu schicken. Ich habe sogar mit dem Gedanken gespielt, sie da einmal herunterzuschicken, in diese real existierende Hölle. Wir haben dann auch den perfekten Höllenort gefunden, nämlich diesen Bunker, diesen zerbombten Bunker, der noch tatsächlich mitten in Berlin-Kreuzberg steht. Ein riesiger Klotz, der innen hohl ist, weil man mal versucht hat, ihn zu sprengen, aber dabei sind innen bloß alle Decken rausgeflogen, und das Ding ist einfach stehen geblieben. Der ganze Bunker ist tatsächlich zwei Meter in die Luft gesprungen,

und dann stand er wieder genauso da wie vorher, nur innen war danach alles ausgeschält! Ja, dieser Bunker ist so etwas wie eine Ersatzhölle geworden, und über die Dreharbeiten an einem anderen Film hatte ich dann auch Distanz genug, da ein paar Nazis vorkommen zu lassen.

Was repräsentiert für dich Deutschland?

Ich habe einmal ein Bild gehabt, eine kleine Zeichnung von Paul Klee, die auf dem Tisch von Walter Benjamin stand. Davon gab es ein Foto, das hatte für mich … ja, da war alles drin.

Das ist der Engel …

Das ist der Engel … Wenn ich aus Deutschland bloß ein paar Bilder mitnehmen könnte, würde ich von diesen letzten Klee-Zeichnungen einen der Engel nehmen. Und aus der deutschen Sprache die Rilke-Gedichte: nach wie vor für mich das Schönste, was es in dieser unglaublich zärtlichen, präzisen Sprache gibt, das Schönste, was es je gegeben hat.

Katharina Sieverding

Künstlerin

Frau Sieverding, Sie wurden in Prag geboren. Unter welchen Umständen sind Sie nach Deutschland gekommen?

Ich bin im Zuge eines Rückzugs aus Internierungslagern nach Castrop-Rauxel, ins Ruhrgebiet, gekommen. Das war 1947. Ich bin dann in Castrop-Rauxel weiter zur Schule gegangen, in die Grundschule, und später über Dortmund in die weite Welt.

Was waren Sie in Castrop-Rauxel: Immigrantin, Asylantin, Asylbewerberin, Gastarbeiterin?

Staatenlos.

Wie hat der Kalte Krieg sich in Deutschland manifestiert?

Also erst einmal in Form des geteilten Deutschlands. Wir waren ja sozusagen da an der Schnittstelle, das war Tagesthema. Und zum anderen in der kulturellen Assimilation Deutschlands an die Siegermächte. Für einen Künstler eine ungeheuer spürbare Sache.

Das könnte den Künstler – in diesem Fall die Künstlerin – jetzt automatisch zu größerer Sympathie mit der russischen Welt oder der östlichen Welt bringen.

Es hat vielleicht einen inneren Bezug gegeben, also ein gewisses Interesse an seelischen Vorgängen. Ich bin sogar ein paar Mal in die Sowjetunion gereist. Die ästhetische, die künstlerische Auseinandersetzung mit dem osteuropäischen Raum reicht allerdings viel tiefer zurück in die Historie, nämlich bis zum Konstruktivismus, bis zu Malewitsch und anderen. Ich selbst bin dann noch weiter in den Osten vorgedrungen, nach Asien, ich habe nämlich in den siebziger Jahren schon China bereist. Das war unter sehr speziellen Umständen: Ich hatte die Genehmigung, mit einer 16-Milimeter-Kamera zu reisen, was nach Joris Ivens' berühmter Dokumentation des Langen Marsches fast erstmalig passierte. Ziel meiner Arbeit war auch, diese ungeheure Beziehung und Kraft zum Individualismus – was Deutschland sehr stark für mich verkörpert – dort in einer anderen Form wieder zu finden. Ich wollte durch die Annäherung an China, die Erfahrung des Maoismus und des kollektiven Bewusstseins, ein Gegenbild zu meinem Deutschlandbild entwerfen. Und ich denke, dass eigentlich jetzt erst, seit der Wiedervereinigung, für mich eine Annäherung an Osteuropa und Russland in einer praktisch-künstlerischen Weise nachvollziehbar ist.

Das heißt, um auf das China-Erlebnis zurückzukommen, dass Sie sich im Grunde von Deutschland entfernen mussten, um sich ihm zu nähern. Sie haben also eine Begegnung mit Deutschland in China gehabt.

Ja. Meiner Ansicht nach ist es sowieso ein Charakteristikum für das Arbeiten in Deutschland, dass man sich immer wieder von dem Deutschen entfernen muss, um diese ganz spezielle Qualität der Wahrnehmung neu zu formulieren. Für Deutschland wünsche ich mir das auch immer wieder – dass dieses ungeheure Potential der Neuformulierungen nach dem Zweiten Weltkrieg bloß nicht in dem erstarren möge, was die Welt oder auch viele Deutsche für deutsch halten. Wenn das wirklich gelingt und natürlich auch auf einer kulturellen Ebene in Gang kommt, dann würde etwas von dem, was „Wiedervereinigung" immer für mich bedeutet hat, auch passieren.

Das unterstellt im Grunde auch, dass dieses Primat des Nationalen, des Deutschen, von Ihnen als ein sehr starkes empfunden wird.

Ja, und das ist etwas, was ständig abgebaut werden muss. Deswegen sagte ich ja, dass dieses Subjektive, diese Individualkraft, die die ganz Großen deutscher Herkunft – Künstler, Dichter und so weiter – auszeichnet, dass diese ungeheuren Einzelleistungen, die auch Kraft brauchen, in dem Moment zu erstarren drohen, wo es um eine Organisation von Gemeinschaftsformen geht. Machtverhältnisse können erstarren und entarten, was zu diesen sehr finsteren Ereignissen in unserer Vergangenheit geführt hat. Deswegen hat mich Ihr Projekt so ungeheuer interessiert, und deswegen habe ich auch eine Arbeit wie „Deutschland wird deutscher" beziehungsweise „Schlachtfeld Deutschland" gerade in Berlin veröffentlicht. Ich will mithelfen und daran mitwirken, diese ganze Erzählkunst des Deutschen – vor allem als Schlusspunkt nach dem Zweiten Weltkrieg und nach 1989 – gen Osten zu öffnen und alte Verbindungen wiederherzustellen, die sich nicht nur auf dem wirtschaftlichen Sektor abspielen.

Haben Sie das Gefühl, dass die Deutschen ihren Nationalcharakter adoptieren?

So krass würde ich das nicht sagen, aber durch den Genozid, der stattgefunden hat, fand auf der untersten, unsinnlichsten Ebene eine ungeheure Abgrenzung statt. Deswegen wagt eigentlich kaum jemand, sich mit dem Deutschen oder durch das Deutsche neu zu formulieren, weil es eben in diese katastrophale Missqualität abgerutscht ist. Ich sehe aber in diesem Land auch eine Herausforderung, nämlich diese „nationale" Identität neu zu formulieren und zu artikulieren. Es ist damals dermaßen abgerutscht, dass eigentlich ein Gegenbild geschaffen werden müsste, aber heute natürlich im Zusammenhang einer Globalisierung.

Wenn wir jetzt versuchen, diesen Begriff des Nationalen abzuheben von Hymne, von Fußballnationalmannschaft, von schwarz-rot-gelber Fahne – was ist dann der Inhalt dessen, was wir hier „deutsch" nennen?

Das ist eine ungeheuer schwierige Frage, und ich kann die so nur schwer beantworten *(überlegt)*. Ich würde sagen, es wäre erstrebenswert, sich mit einer multiplen Identität auseinander zu setzen. Die kann natürlich ein großer Gewinn sein, aber zugleich auch ein Krankheitsbefund, wenn man nämlich nicht weiß, warum man eigentlich diese Praktiken des weltweiten Sich-Ausrichtens und Sich-Orientierens beherrschen soll. Man muss schon verstehen, wozu das alles passieren soll. Das kann nur in Form eines Prozesses funktionieren, eines kulturellen Prozesses oder auch eines

politischen. Wir sind aufgefordert, nicht eine feste Antwort zu finden, sondern bereit zu sein zu einer permanenten Transformation. Und das könnte eigentlich eine wunderbare Spiegelung des Desasters sein, das in der Vergangenheit stattgefunden hat. Meiner Meinung nach ist da eine unglaubliche Herausforderung, die die Welt an Deutschland stellt.

Sind Sie in der lange währenden Auseinandersetzung mit Ihrer eigenen Identität auf Elemente gestoßen, die Ihnen nach nationaler Identität aussahen und die einen Verweis auf Deutschland enthielten?

Ich hatte zu Beginn meiner Karriere sehr gute Lehrer, unter anderem Fritz Kortner. Ich bin sehr früh mit ihm ans Burgtheater nach Wien gegangen und habe erleben können, wie das für jemanden ist, dessen Verwandte und Freunde alle ausgeblendet, ausgelöscht wurden, und wie dieser jemand trotzdem das Ganze überwindet und an der deutschen Kultur, an der deutschen Sprache hängt und wieder etwas Neues schafft. Auch Joseph Beuys ist mein Lehrer gewesen, und er wiederum hat auf seine Weise versucht, trotz seiner Kriegserlebnisse für die Kunst Materialien zu entwickeln. Und hat dafür diese wunderbare Formulierung „Jeder Mensch ist ein Künstler" gefunden, die immer missverstanden wird … Diese beiden Vorbilder und Ideengeber sind natürlich Menschen gewesen, die ungeheuer viel überwunden haben, was negativ deutsch ist.

Die Deutschen würden sich gerne über Bach und Beethoven definieren. Etwas ironischere Leute sagen vielleicht über Daimler-Benz und Mercedes oder so etwas. Finden Sie es sinnvoll, überhaupt ein Besitzverhältnis zwischen Kunst und einer Nation herzustellen?

Ich denke, dass das sehr problematisch geworden ist. In Zeiten, wo der Staat seine Subventionen mehr und mehr zurückzieht, überlegt man sich als Künstler natürlich besonders stark, was dahintersteckt, und fragt sich: Wozu diene ich, womit verbinde ich mich und so weiter. Ich denke, dass alle Kulturschaffenden dazu aufgerufen sind, darüber nachzudenken und sich dazu zu verhalten, sich vielleicht sogar eine Trennung vorzustellen. Das zu leisten ist wahrscheinlich eher eine europäische Qualität als eine amerikanische, aber vielleicht muss man sogar in einem viel offeneren, größeren Zusammenhang denken. Denn wenn ich hier von einem Wirtschaftsunternehmen gefördert werde, dann hat das ja mit Sicherheit seine Verbindungen auch nach Asien oder sonst wohin. Ich finde, man sollte seine künstlerische Produktion schon in Relation zu den wirtschaftlichen Produktionen stellen, die derzeit global stattfinden.

Was repräsentiert für Sie Deutschland?

Genau das. Also eigentlich nicht Deutschland, sondern multiple Identität und der Wunsch nach einem ständigen Prozess der Neuformulierung.

Ferenc Snétberger

Gitarrist und Komponist

Kann man – sehr verallgemeinernd – sagen, dass in Ihrem Volk die Musik eine andere kommunikative Bedeutung hat als in Deutschland?

Kann man sagen, ja. Bei uns spielt die Musik eine große Rolle; viele, viele Probleme, wie zum Beispiel Armut, lösen wir in gewisser Weise über die Musik.

Denken Sie im Bereich der Musik in Unterschieden zwischen den verschiedenen Ländern, oder sagen Sie, Musik ist international?

Für mich ist Musik international. Ich habe zum Beispiel manchmal Schwierigkeiten mit der Sprache, etwa wenn ich in Frankreich spiele, aber dabei gibt es kein Problem, wir kommunizieren einfach über die Musik. Manchmal ist es auch besser so: ohne zu sprechen, einfach zu spielen.

Dieses Bild vom sehr Musikalischen im Volk der Sinti entspricht ja auch den Vorurteilen über die Sinti. Werden Sie in Deutschland viel mit Vorurteilen, positiven wie auch negativen, über die Sinti konfrontiert?

Im Hinblick auf die Musik schon. Wenn ich sage, ich komme aus einer Sinti-Familie, dann antworten die: „Ah, da spielst du sicher ein Instrument – Gitarre oder Violine."

Und was ist mit negativen Vorurteilen?

Ja, die gibt es. Manchmal spiele ich in Ungarn, und wenn ich da auf der Bühne stehe, merke ich, dass das Publikum sehr glücklich ist mit meiner Musik. Aber sobald ich von der Bühne runtergehe, bin ich nur noch ein Zigeuner, also ein Roma oder ein Sinti. Ganz zu schweigen von richtigem Rassismus.

Reagiert das deutsche Publikum ähnlich auf Ihre Musik wie das ungarische?

Es gibt einen großen Unterschied zwischen den beiden. Wenn ich zu Hause, in Ungarn, spiele, reagiert das Publikum ganz anders. Die Ungarn sind Südländer, sie sind ganz anders als die Deutschen. Hier kommt es darauf an, wo du spielst. Berlin ist eine Multikulti-Stadt, hier reagieren sie ganz, ganz toll. Aber sie brauchen ein bisschen Zeit, sich zu gewöhnen. Ich spiele immer ein oder zwei Stücke, schaue, wie die Leute reagieren, und dann ändere ich mein Programm manchmal sofort.

Wenn Ihnen eine Musik traurig vorkommt, kommt sie dann dem Publikum hier in Deutschland ebenso traurig vor? Und wenn Ihnen etwas heiter vorkommt, geht das auch dem Publikum so?

Wenn ich meine Stücke ansage und behaupte, ich spiele jetzt ein Stück aus meiner Kindheit oder ein Stück von meinem Volk, dann reagieren die Deutschen schon anders. Aber das muss ich vorher ansagen.

Sie haben zum 50. Jahrestag des Holocaust eine Komposition geschrieben mit dem Titel „For my people". Was war die Botschaft dieser Komposition?

Ich habe einen Bekannten aus Israel, einen Komponisten, der den Auftrag hatte, für sein Volk, also das jüdische Volk, ein Stück zu komponieren. Er ist in Buchenwald gewesen und hat mitbekommen, dass da viele Roma und Sinti umgebracht worden sind. Und er hat mich gefragt: „Warum schreibst du nicht ein Stück über sie, über dein Volk?" Diese Idee kommt also von ihm. Als ich mir das Ganze durch den Kopf gehen ließ und an meine Kindheit zurückdachte, habe ich mich plötzlich an eine wunderschöne Melodie erinnert, die meine Großmutter immer zu traurigen Anlässen, zum Beispiel wenn jemand gestorben war, gesungen hat. Eine ganz wunderbare Melodie, und ich habe sie gefragt, was das sei. Aber sie hatte keine Noten dazu, es war einfach eine ganz alte, überlieferte Melodie. Wahrscheinlich kannte sie sie durch meinen Großonkel, und so habe ich diese kleine Melodie dann einfach weitergeschrieben. „For my people", ein Gitarrenkonzert, hat drei Sätze, und dieses kleine Motiv wiederholt sich immer wieder.

Sie haben dieses Werk mit einem ungarischen Orchester uraufgeführt. Könnten Sie sich vorstellen, es mit einem deutschen Orchester zu spielen?

Ja, das habe ich schon gemacht, und zwar mit dem Münchener Kammerorchester.

Gab es da einen Unterschied in musikalischer Hinsicht?

Es gibt in diesem Gitarrenkonzert ein paar sehr rhythmische und komplizierte Stellen – „estam" nennt sich das. Das spielen die Deutschen natürlich anders, die spielen das so, wie es in den Noten steht. Aber eigentlich muss man hier improvisieren. Bei den Proben habe ich das auch gesagt und ihnen ein bisschen vorgespielt. Sie wussten sofort, worum es geht! Und haben phantastisch gespielt. Aber mit den Ungarn wäre das sicher von Anfang an so gewesen, schließlich sind sie mit dieser Art Musik auch aufgewachsen.

Mit welchen Gefühlen haben Sie diese Komposition geschrieben? War auch Hass dabei?

Hass, nein, ich glaube nicht.

Verachtung?

Als ich sechzehn oder siebzehn war, habe ich in Budapest einen Gitarrenwettbewerb gewonnen und als Preis eine Reise in die ehemalige DDR bekommen. Das war meine erste Begegnung mit Deutschland – und auch mit Buchenwald. Als ich dieses Lager gesehen habe, war ich völlig fertig.

Haben Sie damals begriffen, was da passiert war? Oder haben Sie es erst viel später verstanden?

Wir haben auch die Filme aus den KZs gesehen. Ich kann darüber nicht reden, es war ein wahnsinniger Schmerz.

Sehen Sie manchmal in die Gesichter von Menschen, die heute siebzig Jahre alt sind, und fragen sich, wo warst du 1933 bis 1945?

Vergessen kann man nicht. Das weiß ich. Aber es ist besser, nicht zu viel über diesen ganzen Holocaust und die Konzentrationslager nachzudenken. Das war fürchterlich. Es ist unglaublich, was damals passiert ist. Und ich hoffe, dass so etwas nie wieder passiert.

Warum leben Sie im Exil?

Mittlerweile lebe ich seit elf oder zwölf Jahren hier in Berlin. Ich bin damals mit einer Einladung zu einem Jazz-Festival hier hergekommen. Das nannte sich „Jazz im Juli". Damals habe ich zum ersten Mal diese Stadt gesehen, also Westberlin. Diese ganzen verschiedenen Leute aus verschiedenen Kulturen – das hat mich schon sehr fasziniert! Ich habe gesehen, dass sie alle zusammenleben und das scheinbar gut. Eine richtige Multikulti-Stadt mit vielen interessanten Menschen! Und deswegen habe ich gedacht, dass es besser ist, in Berlin als Ausländer zu leben als in Ungarn als ein Roma. Hier gibt es mehr Toleranz.

Was repräsentiert für Sie Deutschland?

Das ist wirklich eine schwierige Frage. Aber es gibt eine Antwort. Ich bin Musiker, und für mich ist Bach, Johann Sebastian Bach, dieses ganze, gesamte Werk, das er geschaffen hat – das ist für mich Deutschland.

Désirée Nosbusch

Schauspielerin und Moderatorin

Désirée, du wurdest in Luxemburg geboren. Hat man dann überhaupt so etwas wie eine nationale Identität?

Ich hab eine gute Ausrede: Ich wurde in Luxemburg geboren und habe eine italienische Mutter und einen luxemburgischen Vater, allerdings mit einer französischen Großmutter, insofern habe ich mich schon immer sehr als Europäerin gefühlt. Aber als ich jetzt in Amerika vor der Entscheidung stand, eventuell die amerikanische Staatsbürgerschaft anzunehmen, weil das nach fünf Jahren *green card* möglich wäre und man natürlich irgendwelche Vorteile dadurch hätte, da dachte ich mir, nein, der Gedanke, jetzt vor der amerikanischen Fahne zu stehen und mein Luxemburg zu verraten, nein, das kann ich nicht machen. Ich bin als Luxemburgerin geboren und werde als Luxemburgerin sterben. Insofern schätze ich, müsste ich deine Frage jetzt mit Ja beantworten.

Man hat also eine Form von nationaler Identität, nimmt aber deutsche Elemente auf?

Deutschland ist über die Jahre ein bisschen so etwas wie meine Stiefmutter geworden. Es gibt da eine große Hassliebe, aber ich glaube, es ist mehr Liebe als Hass, weil ich ja immer wieder hier bin und seit neuestem irgendwie auch lieber denn je. Es hat sich für mich in Deutschland irgendetwas verändert.

Kannst du das auf einen Begriff bringen?

Wenn ich mit Menschen rede, die in Deutschland leben, sagen die immer: „Es wird alles schlechter, es ist ausländerfeindlicher geworden, es wird enger, in Berlin, aber auch anderswo, es ist schmuddeliger geworden…" Ich, die ich ja von draußen in das Land hineinblicke, empfinde das Gegenteil. Die heutige Generation der Jungen hat die Möglichkeit, ihren Charme langsam wieder zu entdecken. Auch wenn ich mir unsere Branche anschaue oder auch die der Musik, finde ich, dass es zum ersten Mal seit langem – für mich seit Udo Lindenberg – wieder eine richtige Identität gibt. So Leute wie Thomas D. oder wie Sabrina Setlur, die stehen doch endlich wieder zu dem, was sie sind und wo sie herkommen. Wenn jemand sagt: „Das bin ich, und ich stelle mich dem und dem, und ich gehe damit um", finde ich das eine positive – darf man das Wort „Wende" noch benutzen? *(lacht)* – ja also: Wende gibt.

Du hast Hassliebe gesagt, am Anfang. Worauf bezieht sich die Liebe?

Die Liebe bezieht sich darauf, dass ich hier erwachsen werden durfte. Ich bin ja vor allem in der deutschen Öffentlichkeit älter geworden, groß geworden sozusagen. Das sind ja schon Jahre mittlerweile! Deutschland ist das Land, wo ich die meiste Zeit verbracht habe und wo ich eine Vergangenheit habe. Ich bin jetzt fünfunddreißig Jahre alt und merke, wie wichtig es doch ist, eine Vergangenheit zu haben. Wenn ich hier in Deutschland bin, muss ich mich nicht erklären. Ich bin das, was ich bin, mit dem, was ich war und hinter mir herschleppe. Und diese Chance hat mir Deutschland gegeben.

Nun werden viele Leute, die sich in Deutschland an deine Fernseharbeit erinnern, an einen kurzen Ausschnitt denken, den du wahrscheinlich schon längst nicht mehr sehen kannst, der aber ein exemplarisches Stück von Zivilcourage ist, nämlich wie du als Fünfzehnjährige gegen Franz-Josef Strauß aufgetreten bist. Zwei Fragen im Anschluss daran: Hat dich die Art und Weise, mit der die Öffentlichkeit dir begegnet ist, dazu gebracht, solche Dinge weniger oder vorsichtiger zu artikulieren? Und zweitens: Hast du ähnliche Akte in Deutschland in jüngerer Zeit mal beobachtet?

Ich wünschte, ich könnte deine erste Frage mit Nein beantworten, weil ich es nicht richtig finden würde. Nur war ich während einiger Jahre danach, weil ich – und das soll keine Entschuldigung sein – auch beruflich einfach kein Bein mehr auf die Erde kriegte und Sendeverbot hatte, extrem vorsichtig. Heute bin ich wieder soweit, ich würd's wieder tun. Denn irgendwann merkst du, die Wahrheit währt

länger. Heute sind viele Leute nur noch bedacht auf Karriere und Image, aber ich möchte davon wegkommen. Ich will nicht nur meinen Beruf so nicht leben, sondern ich will mein Leben so nicht leben.

Findest du viele Komplizen in der Hinsicht? Das wäre die zweite Frage …

Es gibt mittlerweile so viele Kanäle und so viele Medien, wo etwas gesagt wird, dass bestimmte Aussagen jetzt gar nicht mehr mehr das Gewicht haben wie früher, als es nur zwei Sender gab und du wusstest, die halbe Nation guckt entweder den einen oder den anderen Kanal.

Du hast ja von Hassliebe zu Deutschland gesprochen. Worauf bezog sich der Hass?

Hass ist vielleicht ein zu großes Wort. Oft habe ich das Gefühl, die Deutschen müssen sich immer wieder selbst bestrafen, für das, was mal war. Immerhin hat in Deutschland wirklich eine Vergangenheitsbewältigung stattgefunden. Es gibt ganze Bibliotheken, da kann man hingehen und sich über alles informieren. Es wird darüber geredet, es wird nicht unter den Tisch gekehrt. Wir sind hier nicht in Österreich – wenn du so willst.

Würde das in deiner zweiten Heimat, in Los Angeles, verstanden?

Es ist ja immer die Frage, auf welcher Seite. Ich glaube schon, dass das grundsätzlich verstanden wird. Man muss verzeihen; man darf nicht vergessen, aber man muss verzeihen. Es gibt kein Wort, um diesen Horror zu erklären, der da stattgefunden hat, es ist nicht mal begreifbar, dass Menschen zu so etwas überhaupt fähig sind. Klar, wenn du in Los Angeles in eine jüdische Gemeinde gehst, wird da vielleicht anders darüber geredet, aber das muss man ja auch verstehen.

Wirst du in Amerika häufig mit Deutschland konfrontiert?

Ja, denn Luxemburg ist ja irgendwie nicht sehr bekannt *(lacht)*. Aber es passiert mir sehr, sehr oft, dass es heißt, „O, that's in Germany!" Andererseits war es früher bei Vorsprechen manchmal so, dass Castingfrauen zu mir sagten: „You know, I'm Jewish, are you German?".Wenn ich dann mit Nein antwortete, wurde mir gesagt: „Well, because if you are I'm sorry, I have a problem." Das muss man dann einfach respektieren und akzeptieren. Das hat sich aber schon sehr, sehr gebessert, finde ich.

Was verändert sich für dich, wenn du dich in Los Angeles unter den Exilanten bewegst, die dort die deutsche Gemeinde in Hollywood bilden?

Dann habe ich gemischte Gefühle. Einerseits denke ich mir, dass es ein bisschen traurig ist, weil es wirklich Cliquen oder Gruppen gibt, die sich nur treffen, weil sie die gleiche Sprache sprechen, weil sie an irgendeiner Vergangenheit festhalten und gar nicht merken, wie sie dadurch die jetzige Zeit und alles, was drum herum ist, automatisch ausgrenzen und niemanden anders an sich ranlassen. Das hat dann etwas von einer Sekte. Aber ich muss ehrlich sagen, in den Kreisen verkehre ich nicht. Und dann gibt es natürlich Begegnungen mit Menschen, die zufällig aus Deutschland kommen und Deutsch sprechen, aber mit denen wärst du auch befreundet, wenn sie aus Russland kämen.

Was repräsentiert für dich Deutschland?

Für mich ist Deutschland wie ein geprügeltes Kind, das langsam wieder Lachen lernt.

Herr Tabori, warum leben Sie in Deutschland?

Weil ich nicht glaube, dass es Deutschland gibt. Ich bin überall auf der Welt gewesen, und noch während des Krieges habe ich mich entschieden, nicht in Kategorien wie Deutschland, England, Amerika zu denken, sondern in der Kategorie Mensch. Und Deutschland hat mich nie als ein Land, als eine Abstraktion, als eine allgemeine Sache interessiert. Selbst in der Nazizeit.

George Tabori

Dramatiker und Regisseur

1932/33 war ich als junger Student in Deutschland, und ich habe verschiedene Leute kennen gelernt, aber ich habe nie an Deutschland gedacht. Wer war ein Deutscher? Sie sind ein Deutscher, die Frau da ist eine Deutsche – ich habe immer Menschen gesehen, und sie sind alle unterschiedlich, und das ist noch immer so. Ich habe zwanzig Jahre lang in Amerika gelebt, und als ich das erste Mal zurückkam nach Deutschland, 1970, haben einige meiner Freunde gesagt: „Wie kannst du in Deutschland leben?" Ich habe dann etwas frech geantwortet: „Sehr gut, danke schön." Und das ist wahr, für mich existieren keine Deutschen oder Engländer oder Amerikaner, sondern immer nur einzelne Leute, gute, nicht so gute, sehr gute. Ich beobachte sie als Menschen, als Individuen, das ist mein Problem.

Jetzt, im Alter von sechsundachtzig Jahren, blicken Sie zurück und arbeiten an Ihrer Autobiographie. Spielt die geographische Einheit Deutschlands, das Sie zweimal für längere Zeit betreten haben – 1932 und 1970 –, spielt sie prägend für Ihr Werk eine Rolle?

Ja ja, denn als ich geboren wurde, damals in Österreich/Ungarn, war das ein großes Land, und meine Familie lebte im heutigen Kroatien, in Transsilvanien, in der Slowakei, und so wurde ich erzogen. Mein Vater hat viele deutsche

Freunde gehabt, und als wir 1932/33 nach Deutschland kamen, wurden die Leute, die er kannte, auch zu meinen Freunden, wie zum Beispiel die Familie Kretschmer. Und die Kretschmers, in deren Hotel ich als Kellner arbeitete und in deren Tochter ich verliebt war, die waren netter zu mir als meine eigenen Eltern. Einmal gab es eine ganz besondere Sache: 1933, nachdem Hitler an die Macht gekommen war, gab es da einen Kellner, der sich bei Kretschmer beklagt hat: „Was macht dieser ungarische Jude hier?" Und Kretschmer hat geantwortet: „Was haben Sie gesagt?" Und dann hat er es wiederholt. „Raus!", hat dann der Kretschmer gesagt und hat ihn rausgeschmissen – nicht mich, sondern ihn. Das ist zwar eine kleine Sache, aber es hat mich geprägt, wie Sie sagen.

Als Sie 1932 nach Deutschland, nach Berlin kamen, kamen Sie als Student, aber auch als auszubildender Etagenkellner im Hotel Hessler. Haben Sie jemals Nazigrößen des Berliner Regimes in diesem Hotel gesehen?

Der … wie hieß der? … Göring wohnte mal da. Und ich war Etagenkellner, ich habe alles mitgemacht: Kellnern, Gemüse schneiden, Rezeption. Etagenkellner zu sein war eine sehr schöne Aufgabe, weil man immer Frühstück serviert hat, mit allerlei tollen Sachen, und die Leute haben ganz wenig davon gegessen, und dann haben wir den Rest bekommen. Und einmal war der Göring da, in einem lila oder blauen Pyjama, er hat dauernd telefoniert und war eigentlich ganz freundlich. Er war der einzige … *(hält kurz inne)* große Nazi, den ich kennen gelernt habe. Im Hessler habe ich in der obersten Etage gewohnt, da wohnten eben Hospitanten wie ich, und ich habe da in einem Zimmer gewohnt mit einem jungen Mann, der ein leidenschaftlicher Nazi war, und wir haben jeden Abend leidenschaftlich diskutiert. Also so, wie wenn ich heute mit Heidegger diskutieren würde, ohne jegliche Bosheit. Ich habe ihm gesagt: „Es ist Blödsinn, was du sagst." Und er hat geantwortet: „Nein, du sagst Blödsinn." Wie achtzehnjährige Leute eben damals so diskutierten.

Haben Sie denn während Ihrer Zeit in Deutschland überhaupt begriffen, was der Ruf „Heil Hitler" bedeutete?

Also hier muss ich eine Anekdote erzählen, ob Sie mir die Geschichte glauben oder nicht: Als ich mit meinem Vater in Berlin war, wollten wir – ich weiß nicht mehr, ob mit der S-Bahn oder der U-Bahn – von Reinickendorf zum UFA-Palast fahren. Es war sehr voll, und ich musste drei Züge an mir vorbeifahren lassen, weil ich mich nicht vordrängeln wollte. Dann bin ich schließlich eingestiegen, und gegenüber von mir hat ein Herr Zeitung gelesen. Es war der *Völkische Beobachter*, den ich nicht kannte, und so habe ich die Annoncen gelesen und versucht, sie zu verstehen. Plötzlich hat er die Zeitung runtergehalten und gesagt: „Heil Hitler!" Und ob Sie's glauben oder nicht: In Ungarn haben wir diesen Ausdruck nicht gekannt, und ich dachte, er sagt: „Heilt Hitler!" Und ich habe ihm geantwortet: „Ich kann ihm leider nicht helfen, ich bin kein Arzt." Und dann hat er sich die Zeitung wieder vor die Nase gehalten.

Wenn Sie heute Filmaufnahmen von Hitler auf einem Balkon sehen, von Hitler an einem Redepult, geifernd, was denken Sie dann?

Er hat sich sehr verändert. Ich habe ihn einmal in einem Film gesehen, wo er glücklich war, das war nach der Besetzung Frankreichs, wo er so *(hebt den rechten Arm)* gemacht hat, als er erfuhr, dass die Franzosen den Kampf aufgegeben haben. Er hat den Hitlergruß gemacht und gelacht, aber dieses Lachen – Sie müssen wissen, ich habe sehr viel über Lachen geschrieben und nachgedacht – das war kein wirkliches Lachen, das war Schadenfreude. Er hat so gemacht *(fletscht die Zähne)*, ja, die Zähne hat er gezeigt. Ich habe das oft im Film gesehen, er hat mir am Ende immer wieder Leid getan, wenn er schon einen steifen Arm gekriegt hat vom Grüßen … Einmal habe ich ihn mit Kindersoldaten zusammen gesehen, da war er ganz lieb und kläglich. Also ich bin nicht bereit, einen Menschen – denn er *war* ja ein Mensch – als eine Sache zu beurteilen. Ich weiß noch, das erste Bild, das ich von ihm hatte, in Wien, mit kurzem Schnurrbart, ohne die Massen im Hintergrund. Er hat sich wirklich verändert, und die Änderungen waren sehr wichtig. Als er dann an der Macht war, ist mir aufgefallen, dass er immer so ernst war. Mit der Eva Braun, das verstehe ich allerdings nicht so ganz, ich habe mir vorgestellt, wie es war, wenn die zwei allein waren, aber sehr weit bin ich mit der Vorstellung nicht gekommen. Aber die Eva Braun hat mir Leid getan.

Als Sie nach Amerika kamen, ins Exil, da begegneten Sie unter anderem Bertolt Brecht, Lion Feuchtwanger, Thomas Mann und einer ganzen Reihe anderer Schriftsteller deutscher Sprache. Gab es eine Form von Vereinbarung, Gemeinsamkeit zwischen diesen exilierten Autoren, die für Sie wahrnehmbar war?

Also, der Brecht hat den Thomas Mann gar nicht gern gehabt, das hat er auch gesagt. Thomas Mann, den ich besser kannte als die anderen – mit ihm war ich vielleicht sechs-, siebenmal zusammen – war sehr höflich, sehr nett. Ich habe nicht viel über ihn und seine zwiespältige Rolle gewusst, aber ich habe ihn und seinen „Zauberberg" bewundert. Es war sogar mal die Rede davon, dass ich den „Zauberberg" verfilmen sollte, weil Thomas Mann Filme gern mochte und sehr oft ins Kino gegangen ist, eigentlich wollte er auch für den Film schreiben. Den Brecht habe ich vielleicht fünfmal getroffen. Er war nicht sehr freundlich, weil er sich nicht wohl gefühlt hat in Amerika, das erzählen seine Tagebücher sehr schön. Aber seine Frau war sehr lieb, sie hat immer gelächelt und war immer freundlich. 1967 kam ich zurück nach Deutschland, ans Berliner Ensemble. Das war für mich das beste Theater, das ich je gesehen habe, und ich denke noch immer so. Ich bin nämlich alt und nicht sehr modisch. Die Weigel war sehr freundlich, und auch die Kinder hab ich ganz kurz getroffen, den Stefan und die Barbara. Barbara war sehr schön, sie war damals achtzehn, glaube ich. Den Brecht habe ich zusammen mit Charles Laughton getroffen, den ich gut kannte und der den Galilei spielte. Brecht war gelegentlich dort bei Laughton im „Pacific Palisade", und ich war einige Male dabei und habe zugehört und zugeschaut, wie sie über

die Übersetzung stritten. Laughton hatte eine Rohübersetzung bekommen, weil er kein Deutsch konnte, und hat den Text dann richtig in die englische Sprache gebracht. Und Brecht hat es nicht gefallen, dass Laughton sehr von der Bibel beeinflusst war und so viele schöne Sätze sagte. Ich erinnere mich: Laughton wohnte dort in einer Villa, die war voll mit präkolumbischen Statuen, kleinen Männern mit riesig großem Pimmel, der ganze Saal war voll davon, und dort saßen diese zwei großen Gammler, und ich dachte schon damals, dass dies die beste Besetzung wäre für „Godot". Der Laughton als Estragon und der Brecht als Vladimir. Sie haben geredet und gestritten, und einmal wurde Brecht sehr sauer. Laughton hatte einen Satz wieder zu biblisch gemacht und Brecht ist abgehauen, so um Mitternacht. Und Laughton sagte: „Er geht zu seiner Freundin, einer Schwedin, nicht nach Hause." Und dann sagte er noch: „Die Deutschen …"

Ich versuche mir vorzustellen: Sie verlassen Deutschland im Jahr 1933, Sie kommen zurück nach Deutschland im Jahr 1970. Das ist für das Theater eine gute Zeit und politisch der Höhepunkt der ersten Welle der so genannten Terrorismusfahndung. Wenn Sie die beiden Bilder von Deutschland gegeneinander halten – 1933 und 1970/71 – gibt es Analogien, gibt es große Erneuerungen dazwischen?

Ich kann es nur so beantworten: Ich selbst habe mich sehr verändert zwischen 1933 und den sechziger Jahren. Als ich nach Deutschland zurückkam, hatte die Weigel meine damalige Frau und mich eingeladen, in ihr Theater zu kommen. Es lief „Mutter Courage", nicht sehr gut gespielt, aber für mich war das eine schöne Zeit. Ich denke immer noch, das beste Theater habe ich hier gesehen. Wir waren insgesamt zwei Wochen hier, und am letzten Abend haben sie ungefähr zehn ausländische Gäste auf die Bühne geholt. In alphabetischer Reihenfolge mussten wir da sitzen: George Austrailer war der Erste und ich, Tabori, war der Letzte.

Und jeder musste etwas erzählen über die zwei Wochen, die er hier erlebt hatte, und die meisten haben kurz, fünf Minuten, etwas gesagt. Austrailer hat eine halbe Stunde gesprochen, sehr schön. Und dann kam ich dran, und als ich zum Mikrophon kam, habe ich das Papier mit meinen Notizen zerrissen, habe eine Minute lang nur das Publikum angeschaut, und die Weigel, die vorn saß, fragte: „Was ist mit dir, warum sagst du nichts?" Mir kamen die Tränen, und es war ganz still, ich habe mich verbeugt und wieder hingesetzt. – Ich muss dazu sagen: Ich habe dreimal in meinem Erwachsenenleben geweint. – Und Monate später, als ich schon wieder in Amerika war, habe ich mir erklären können, warum ich weinen musste. Als ich da vorne stand, habe ich erkannt, dass ich nie so würde schreiben können wie der Brecht, nie solche Stücke schreiben, und diese Erkenntnis, die war so stark, dass Tränen rauskamen.

Was repräsentiert für Sie Deutschland?

Also, das ändert sich immer, ich habe keine Aussage parat, was Deutschland für mich ist. Wenn ich 1933 und jetzt vergleiche und die Nachkriegszeit … ach, fragen Sie mich doch lieber nach Ungarn.

Liliana Saldaña

Tänzerin und Schauspielerin

Frau Saldaña, warum sind Sie in Deutschland?

Das ist eine lange Geschichte. Ich habe in Mexiko Tanz studiert und habe dort auch als Tänzerin gearbeitet. Und eines Tages kam Pina Bausch nach Mexiko. Ich habe ihre Aufführung „Nelken" gesehen, fand das wunderbar und dachte: Das ist genau das, was ich machen will. Aber diese Art von Tanztheater gab es nur in Deutschland. Deshalb war mein Ziel, eines Tages nach Deutschland zu gehen – obwohl ich kein Deutsch konnte. Aber ich habe das gesehen und gedacht: Das muss ich machen. Das ist für mich. Und so ist das Leben, so ist das Schicksal, ich *musste* nach Deutschland kommen *(lacht)*.

Erstaunlicherweise sind Sie ja nicht zu Pina Bausch nach Wuppertal gegangen, als Sie aus Paris kamen, sondern zu Johan Kresnik nach Bremen. Ein großer Name und ein großer Glücksfall für Sie. Und noch erstaunlicher: Sie haben dann in der Produktion für „Frida Kahlo" mitgearbeitet. Also eigentlich sind Sie auf diesem Wege halbwegs wieder nach Hause zurückgekommen. Und Frida Kahlo ist nun auch noch indianisch-deutscher Abstammung und insofern durch beides geprägt …

Ja, das ist schon sehr lustig. Für mich ist das einfach Schicksal. Ich kann das nicht anders erklären. Mein Ziel war, nach Deutschland zu kommen und mit Pina Bausch zu arbeiten. Ich war in Mexiko, in Berlin, ich habe gearbeitet, angefangen, die Sprache zu lernen, und dann sagte ich mir: Jetzt bin ich so weit. Jetzt kann ich bei Pina Bausch vortanzen. Es waren vierhundert Tänzer, die vorgetanzt haben. Ich war unter den letzten beiden, die übrig blieben. Aber sie hatte keine Stelle frei. Sie hat mir gesagt: „Ich mag dich sehr gerne, aber du musst zurück, ich hab keine Stelle frei." Sie organisiert immer ein Vortanzen, um zu sehen, was für Tänzer gerade auf dem Markt sind. Und dann gibt es so eine Warteliste. Ich hatte mich gerade von meinem Mann getrennt und dachte: Ich muss jetzt einen Job finden, ich muss irgendwie mein Ziel erreichen, sonst muss ich zurück nach Mexiko. Und zwei Wochen später habe ich bei Johann Kresnik vorgetanzt. Bei ihm war eine Stelle frei, und die war für mich. Er hat mir den Vertrag sofort gegeben. Ich wusste überhaupt nicht, dass er ein Stück über Frida Kahlo machen wollte. Und das genau ist Schicksal: zur richtigen Zeit am richtigen Ort zu sein. Kresnik und ich, wir haben uns genau im richtigen Moment getroffen. Das war für uns beide ganz toll, für ihn und für mich. Im Endeffekt hat das Schicksal richtig für mich entschieden. Bei Kresnik bin ich nicht nur Tänzerin, sondern ich habe auch eine Theaterausbildung gemacht. Ich spiele sehr, sehr gerne verschiedene Rollen, und bei Kresnik habe ich nicht nur Frida Kahlo gespielt, sondern auch Ulrike Meinhof. Ich habe Cordelia in „König Lear" gespielt, ich habe Aura in „Goya" gespielt – ich habe ganz verschiedene Rollen gespielt, und das finde ich toll. Bei Pina Bausch hätte ich wahrscheinlich viel mehr mich selber spielen müssen, sie arbeitet ja mit dem Material, das jeder in sich trägt, von der Erfahrung her. Und insofern bin ich bei Kresnik genau richtig gelandet.

Hatten Sie denn in der „Frida Kahlo"-Produktion das Gefühl, die Deutschen gucken wie aus einem Fenster aus ihrer Kultur in einer andere Kultur und entdecken eigentlich mehr über sich selber als über die fremde Kultur?

Dazu kann ich eine lustige Geschichte erzählen. „Frida Kahlo" war ja ein großer Erfolg hier. Vielleicht haben Sie es gesehen: Die Bühne ist sehr schön, voller Farben – Mexiko eben. Und die Deutschen lieben es sehr, wirklich sehr. Wir haben überall Erfolg gehabt, in Italien, in Deutschland, auch in Mexiko. Das war sehr interessant für uns; ich habe richtig vergleichen können, wie die Mexikaner sind und wie die Deutschen sind. Na ja, die Mexikaner waren ein bisschen schwierig, manche fanden die Inszenierung ganz toll, andere waren beleidigt, weil da ein Ausländer ein Stück über Frida Kahlo gemacht hat. Unsere Heldin, unsere heilige Frida Kahlo! Wir haben Kritiken bekommen, die wirklich sehr heftig waren. Und sehr ungerecht, fand ich. Aber das hängt auch damit zusammen, dass wir Mexikaner sehr nationalistisch sind. Ich bin sicher, wenn wir „Ulrike Meinhof" in Mexiko gespielt hätten, wären die Leute begeistert gewesen, denn wir Mexikaner lieben alles, was aus dem Ausland kommt. Im Gegensatz zu den Deutschen, die sind da ja eher skeptisch, die haben ein bisschen mehr Distanz und sind immer korrekt. Die Mexikaner sind einfach so … *(macht ausladende, theatralische Bewegungen)*, die sind einfach da. Das ist eine Frage der Kultur.

Wenn die Mexikaner einen Film über Marlene Dietrich drehen würden, dann würden die Deutschen vermutlich auch sagen: „Wie kommt ihr Mexikaner auf die Idee …". Die weltberühmte deutsche Frau, die Sie verkörpert haben, Ulrike Meinhof, ist so geschichtsbeladen und ist immer noch so uninterpretiert oder so unaufgelöst. Wie haben Sie sich dieser Frau genähert, um sich ihr anzuverwandeln?

Das Stück war schon fertig, als ich dazu kam, und ich habe die Rolle nachgelernt. Aber ich habe mich natürlich viel informiert. Ich habe viel gelesen. Es ist sehr schwierig, eine Rolle zu übernehmen, wenn eine Inszenierung schon fertig ist, da muss man die Gefühle irgendwie anders reinbringen. Ich musste die Rolle mit meiner Geschichte ausfüllen oder mit dem, was ich über Ulrike Meinhof denke; das heißt, ich musste mich irgendwie transportieren.

Und ist Ihnen die politische Geschichte, der Hintergrund von Ulrike Meinhof fremd?

Es war fremd für mich, weil ich sie nicht gut kannte. Natürlich wusste ich, wer sie war, aber als ich mich dann mehr mit der Rolle beschäftigt habe, habe ich die Situation erst verstanden und kapiert, wie das alles ungefähr abgelaufen ist. Obwohl: Das Ende von Ulrike Meinhof, wie sie gestorben ist oder ob sie sich selber umgebracht hat, das alles bleibt ja offen.

Nun hat Mexiko eine revolutionäre Tradition, die bis in die Gegenwart reicht, bis zu subcommandante Marcos, wenn man so will. Und auch Deutschland hat, wenn man so will, eine revolutionäre Bewegung gehabt, die von der Studentenrevolte in den sechziger Jahren bis zum Ende der RAF andauerte. Sehen Sie irgendwo Parallelen?

Ja. In Mexiko gab es Ende der sechziger Jahre eine ähnliche Bewegung. Vielleicht war das in Deutschland etwas stärker ausgeprägt, aber in Mexiko gab es auch so eine Gruppe. Und jetzt auch mit Marcos – wir sind ein bisschen später dran, aber wir kommen allmählich.

Erkennen Sie etwas Deutsches in der Form der Strategie, die die RAF damals gehabt hat, also hoch stehende Wirtschaftsbosse und Politiker zu treffen, um damit gesellschaftliche Funktionen zu torpedieren?

Ich glaube, das hat auch wieder mit der deutschen Kultur zu tun. Die RAF war besser organisiert. Sie hatten die richtigen Waffen für ihre Ziele und waren auf intellektueller Ebene geschickter. Letztlich war das eine reine Organisationssache.

Sie haben die deutsche Sprache inzwischen geradezu bewundernswert gelernt. Kommt sie Ihnen hart vor, kommt sie Ihnen wenig melodiös vor, oder haben Sie eine Schönheit darin entdecken können?

Am Anfang fand ich die Sprache überhaupt nicht schön, als ich noch nichts verstanden habe. Mittlerweile finde ich die Sprache sehr, sehr schön. Für mich ist Deutsch die Sprache der Klarheit. Sie ist klar, exakt und monumental. Man kann mit dieser deutschen Sprache ja beinah Monumente bauen!

Verändern Sie Ihren Charakter, wenn Sie Deutsch sprechen?

Ich glaube ja, ein bisschen. Mein Charakter und meine Persönlichkeit bleiben natürlich, aber ich fühle mich noch ein wenig behindert in der deutschen Sprache, ich kann nicht alles so sagen, wie ich will. Manchmal übersetze ich Sachen aus dem Spanischen, und dann lachen meine Freunde über mich und sagen: „Das ist so schön, was du gesagt hast, aber auch ein bisschen kitschig." Das ist klar, denn wir Mexikaner spielen ja immer mit der Sprache.

Wer war der erste literarische Autor, den Sie gerne im Original lesen wollten?

Goethe natürlich. Und Thomas Mann.

Für welche Nachrichten interessieren Sie sich in deutschen Zeitungen?

Eigentlich für alle. Und dann bin ich natürlich sehr interessiert an dem, was in Mexiko passiert; ich lese auch mexikanische Zeitungen übers Internet. Das ist wunderbar, das ist wie ein Geschenk Gottes für mich. Aber in erster Linie bin ich an Deutschland interessiert. Ich bin auch total gegen diese Ghettos von Ausländern, die sie sich selbst bauen, also Mexikaner, die immer zusammen sind, Brasilianer, die immer zusammen sind und so weiter. Ich will damit nichts zu tun haben, ich will nicht in so einem Kreis leben. Ich wohne jetzt hier, und ich informiere mich gerne über das, was in Deutschland passiert. Ich habe viele deutsche Freunde. So abgeschnitten zu leben, wie es viele Mexikaner im Ausland machen, ist total langweilig, das ist für mich kein „Im-Ausland-Leben".

Wie würden Sie jemandem, der nie in Deutschland gewesen ist und der Sie gut kennt, beschreiben, was für Sie den Reiz des Landes Deutschland ausmacht?

Meine Freunde in Mexiko können nicht verstehen, wie ich hier in Deutschland leben kann. Aber ich habe eine Form gefunden, ich fühle mich hier sehr gut. Das liegt auch an Berlin. Ich finde Berlin wunderbar; ich fühle mich hier sehr frei, ich kann sein, wie ich bin, ich kann leben, wie ich bin. Und ich kann meine Arbeit machen, also genau meinen Traum verwirklichen! Berlin ist viel interessanter als Paris oder als andere Städte auf der Welt. Ich mag auch sehr gerne die Menschen, die hier leben, und auch diese Mischung, die jetzt langsam entsteht.

Haben Sie noch einen Blick für den Unterschied zwischen West und Ost?

Ein bisschen. Ich habe hier noch die Mauer erlebt. Als ich dann von Bremen nach Berlin zurückkam, habe ich im Osten gelebt. Vor sechs Jahren. Das war ein bisschen so wie ein anderes Land. Auch von den Menschen her. Ich fand die Leute aus dem Osten viel sensibler, viel offener, das hat mir sehr gut gefallen. Mittlerweile ist es schwieriger, die Unterschiede zu sehen, und es wird schwieriger und schwieriger. Aber es gab einen Unterschied, ich habe das gesehen, ich habe das erlebt. Das kann ich sagen.

Aber die im Westen werden nicht gerade sensibler, eher werden die im Osten weniger sensibel. Oder wie sehen Sie die Entwicklung zwischen den beiden Teilen Deutschlands?

Sie werden nicht ihre Sensibilität verlieren, das nicht, aber durch diese ganze Kommerzialisierung werden die Menschen schon anders. Die sind gieriger nach Geld, wollen immer mehr haben – das macht viel aus. Früher waren sie nicht so. Die waren mehr oder weniger glücklich mit dem, was sie hatten.

Gibt es eine deutsche Landschaft, die für Sie die Essenz des Landes ist, die der Kern, das Wesen Deutschlands ist?

Ich finde Süddeutschland, also Bayern, sehr schön, sehr traumhaft, es ist ein bisschen so wie im Märchen dort. Diese Landschaft, diese ganzen Schlösser! Da würde ich gerne hin, das ist für mich Deutschland. Ich kann nicht behaupten, dass Berlin für mich Deutschland sei. Berlin ist für mich etwas ganz Besonderes. Das ist eine Kombination von vielen Dingen. Deutschland ist für mich etwas Anderes.

Was repräsentiert für Sie Deutschland?

Es gibt ein Stück von Pina Bausch, „Café Müller". Da gehen die Menschen alle in ein Café und suchen nach Nähe, sie gehen ins Café, um Menschen zu treffen, aber sie finden niemanden. Sie sind alle alleine. Sie trauen sich nicht, auf Menschen zuzugehen. Deswegen bleiben sie einsam. Und wenn sie aufeinander zugehen, machen sie sich gegenseitig kaputt. Das ist für mich Deutschland.

German Kral

Regisseur

German, du bist vor neun Jahren nach Deutschland gekommen. Warum?

Ich bin vor neun Jahren nach Deutschland gekommen, weil ich an der Münchener Filmhochschule Film studieren wollte. Ich habe die Filme von Wenders geliebt, einfach geliebt. Und als ich erfuhr, dass er an der Münchener Filmhochschule studiert hat, wusste ich: Das ist der Ort, an dem ich auch studieren möchte.

Du hast also Deutschland eigentlich durch die Filme von Wenders gesehen.

Wenders hat nicht unbedingt Deutschland für mich repräsentiert. Ich sah Deutschland nicht durch seine Filme, aber sie haben mir Türen zu anderen Gefühls- und Wahrnehmungswelten geöffnet, die mich sehr interessierten.

Lass uns einmal zwei Punkte näher betrachten: Woraus bestand Deutschland für dich, als du noch in Argentinien warst? Aus welchen Fixsternen setzte sich dein Deutschlandbild zusammen?

Deutschland waren für mich die Dichter, Deutschland war für mich Rilke, Deutschland war für mich Nietzsche, die Philosophen – das war mein Deutschlandbild. Ich erinnere mich noch an meine Ankunft in Deutschland, ich dachte, jeder auf der Straße würde Rilke lesen.

Weißt du, was Wenders gesagt hat, als ich ihn fragte, was für ihn Deutschland repräsentiert? – Rilke!

Tatsächlich? Das ist sehr interessant. Ich habe angefangen, Rilke zu lesen, nachdem ich den „Himmel über Berlin" gesehen hatte.

Das paßt ja. Und jetzt der zweite Punkt: Kannst du beschreiben, was die Gefühlswelt in Wenders Filmen für dich eröffnet hat?

Ja, die Filme von Wenders haben für mich eine Ernsthaftigkeit, die man sonst kaum in Filmen findet. Sie haben eine ernste Art, das Leben zu betrachten, die mich sehr angesprochen hat. Hollywood hat mich überhaupt nicht interessiert. Als ich Wenders' Filme sah, wurde mir klar, dass Filmemachen auch etwas Ernstes sein kann und nicht nur dem Geldverdienen und Geschäftemachen dienen muss.

Hast du diesen Geist aus den Filmen von Wenders wieder gefunden, als du nach Deutschland kamst?

Nein, das habe ich nicht. Aber ich habe gelernt, dass man diesen Geist nicht in einem Land vorfinden kann, weil er zur inneren Einstellung gehört. In Gesprächen oder in Büchern kann man auf ihn stoßen. Er ist Teil einer inneren Welt, die man in der Arbeit eines Künstlers findet, aber nicht in der Realität. Ich musste jedoch nach Deutschland kommen und sieben Jahre hier leben, um das zu begreifen.

Kommt dir Wenders in Deutschland einsam vor?

Ich weiß nicht, ob ich das Wort „einsam" gebrauchen würde, aber was mich erstaunt, ist, wie die Kritiker mit ihm umgehen – sie machen ihn fertig. Ich glaube, dass das eine deutsche Eigenschaft ist, so unglaublich kritisch mit einem anderen Menschen zu sein. Aber auch Leute wie Fritz Lang, der größte deutsche Regisseur überhaupt, mussten Deutschland verlassen. Wim Wenders ist ein weiterer genialer Filmemacher, und auch er musste gehen. Ich denke auch an Petersen und Uli Edel – es gibt so viele, die aus Deutschland weggehen.

Und denk an Marlene Dietrich und Ute Lemper! Es gibt eine ganze Reihe von Beispielen.

Aber warum ist das so?

Ich glaube, es gibt manchmal eine Form von Selbsthass unter den Deutschen, die sich besonders gegen diejenigen richtet, die national und international herausragen. Diese Form der Distanznahme zu sich selbst ist, glaube ich, etwas sehr Deutsches ... Siehst du den Deutschen Bitterkeit an?

Ja, schon. Manchmal, wenn ich U-Bahn fahre, fallen mir diese verbissenen Gesichter auf. Aber ich kann sie verstehen, es ist sehr schwierig, in Deutschland zu leben. Es ist kalt, und man ist ständig unter Druck, egal, was man tut. Ich habe einmal einen ehemaligen Obdachlosen interviewt, der Bustickets verkaufte, und der erzählte mir, er habe seit sechs Monaten einen Brief schreiben wollen, aber einfach keine Zeit dafür gehabt.

Ein Obdachloser, der keine Zeit hat …

Ja, aber ich habe ihm geglaubt, weil das Leben in Deutschland so ist.

Hast du das Gefühl, das hängt – im Vergleich zu Argentinien – damit zusammen, wie das Soziale in Deutschland gedacht wird, wie die Menschen miteinander kommunizieren?

Das spielt bestimmt eine große Rolle. Ich kann es mit Argentinien vergleichen, weil ich mit dem Land vertraut bin. Wenn man sich jemandem nähert, ist das eine angstfreie Begegnung. Man geht auf den anderen zu, spricht mit dem anderen, und in dieser zwischenmenschlichen Begegnung liegt keine Angst. Eventuell genießt man die Anwesenheit des anderen sogar und teilt etwas mit ihm. Nach meiner Erfahrung ist die zwischenmenschliche Kommunikation in Deutschland oft mit Angst beladen, mit der Frage: „Was will diese Person von mir?"

Spiegelt sich diese Kommunikationslosigkeit auch in den gesellschaftlichen Institutionen wie dem Verbund der Familie oder dem Verbund der Arbeitsstelle?

Ja, bestimmt. Zu den Dingen, die mich in meiner ersten Zeit in Deutschland am meisten überrascht haben, gehörte die Feststellung, dass erwachsene Leute die Telefonnummer ihrer Eltern nicht auswendig wussten. Ich konnte einfach nicht verstehen, wie solch eine Distanz in der Familie, diese Distanz zwischen den Menschen zustande kommt. Auch Freundschaft bedeutet in Deutschland nicht dasselbe wie in Argentinien. Die Bezeichnung „Freund" ist in Argentinien generell mit einem Gefühl von Liebe verbunden. In Deutschland besteht keine unbedingte Verbindung zwischen Liebe und Freundschaft. Ich habe lange gebraucht, um das zu verstehen.

Du bist nach vielen Jahren in Deutschland nach Argentinien zurückgegangen, um von dort noch einmal nach Deutschland zu reisen und diese Reise filmisch zu begleiten. Warum?

Wenn man so lange Zeit fern von der Heimat gelebt hat, stellt man sich viele Fragen, die man sich wohl nicht gestellt hätte, wenn man dort geblieben wäre. Nach sieben Jahren Deutschland musste ich zurückkehren. Ich musste verstehen, weshalb sich meine Eltern getrennt haben, weshalb ich nach Deutschland gegangen war, weshalb ich diesen merkwürdigen Beruf ergriffen habe … Die Argentinier haben mir nie Gelegenheit dazu gegeben, aber die Deutschen taten es. Das ist etwas, wofür ich sehr, sehr dankbar bin. Im Übrigen konnte ich meine Ausbildung als Filmregisseur hier machen und nicht in Argentinien – das ist die andere Seite der Medaille. Deutschland hat diese zwei Seiten. Einerseits ist es schwierig, hier ein Ausländer zu sein. Es ist eine schwierige Erfahrung, mit der du täglich konfrontiert wirst, manchmal mehr, manchmal weniger.

Welchen Formen nimmt diese Konfrontation an?

Mein Akzent … Wenn bestimmte Leute merken, dass ich Ausländer bin, passiert etwas mit ihnen. Sie betrachten mich mit anderen Augen.

Du siehst das im Blick?

Ja, sicher. Manchmal ist es ein positiver Blick. Das kommt auch vor.

Als eine Seite der Medaille hast du die Aggression beschrieben. Die andere Seite aber ist, dass Deutschland dir die Möglichkeit gibt, als Künstler zu arbeiten.

Ja, und auch, dass man ernst genommen wird. Es ist zwar eine Distanz da, aber gleichzeitig nehmen die Leute dich ernst, und wenn du um etwas bittest, versuchen sie, es zu realisieren.

Was repräsentiert für dich Deutschland?

Das ist eine sehr schwierige Frage. Vielleicht hat sich gar nicht so viel geändert. Entstanden ist meine Liebe zu Deutschland hauptsächlich durch Wenders Filme und durch Rilkes „Briefe an einen jungen Dichter". Vieles hat sich in diesen neun Jahren gewandelt, dies aber nicht. Die Liebe ist geblieben.

Vivienne Westwood

Modedesignerin

Frau Westwood, interessieren Sie sich für nationale Sprachen in der Mode?

Nun ja, es stimmt, wenn man sagt, dass die Welt amerikanisiert ist. Wenn man jemanden mit verbundenen Augen in irgendeinem Land aussetzen würde, könnte der nicht sagen, wo er sich befindet, wenn er allein nach der Kleidung der Menschen urteilen sollte. Die Kleidung wird von der Massenproduktion diktiert. Deswegen sehen alle gleich aus. Geschichtlich gesehen, denke ich, war Mode der Austausch von Ideen zwischen Frankreich und England.

Fallen Ihnen Beispiele für volkstümliche Kleidung aus Deutschland ein?

Eigentlich nicht. Aber aus Österreich kenne ich diese wundervollen Dirndl und diese tollen Hüte dazu, weil mein Mann daher kommt. Allerdings weiß ich nicht, ob es etwas Vergleichbares auch in Deutschland gibt.

Oh ja, zum Beispiel im Schwarzwald und in Bayern …

Ich weiß, dass jedes kleine Bergdorf oder jeder noch so kleine Ort seine eigene Tracht hat, deshalb kann ich nicht sagen, welches wohin gehört, aber ich liebe Dirndl. Ich finde, das ist ein wundervolles Outfit, und es ist sehr vorteilhaft, es steht wirklich jedem.

Das Dirndl wäre also ein Teil, das Sie möglicherweise in einer Ihrer Kollektionen verwenden würden?

Ich müsste wohl in den Bergen wohnen, um so etwas selbst zu tragen. Meine Schwiegermutter trug einmal ein Dirndl zu einer Modenschau. Sie sah sehr elegant darin aus. Aber sie kommt ja auch vom Land, daher war es irgendwie stimmig.

Mit dem Wort „Hausfrau" umschreiben Sie eine bestimmte Art von Kleidung, die einige Ihrer Studenten tragen. Inwiefern ist das ein Urteil?

Es gibt Designer, die Kleidung für Hausfrauen entwerfen. Hausfrau sein bedeutet, dass man den Frauen irgendwie das Kleingeistige ansieht. Was ist Hausfrau-Design? Man sieht ein bisschen wie ein Opfer aus. Man wirkt wie jemand, der gerne vergewaltigt werden würde. Und man trägt weiter seine bequemen Sachen, die vorspiegeln sollen, dass man irgendwie interessant ist, irgendeine merkwürdige kleine Bluse, die an Unterwäsche erinnert. Ich kann mir nicht helfen, es sieht immer nach Opfer aus.

Ist Ihnen in Deutschland so etwas wie Glamour begegnet?

Nein, ich denke nicht. Dazu fällt mir im Moment nichts ein. Na ja, ein paar von den Leuten, die ins *Einstein* in Berlin gehen, sehen ganz interessant aus, denke ich.

Ich fürchte, das sind sie dem Restaurant schuldig … Heutzutage scheint es, als ob die englische Presse Deutschland generell verachten würde. Es gab sogar einen diplomatischen Streit darüber. Können Sie sich vorstellen, woher diese Aggression stammt? Haben Sie, die Sie beide Länder gleichermaßen erleben, eine Erklärung dafür?

Die Engländer sind ein Inselvolk und benehmen sich auch so. Sie sind ausländerfeindlich und verhalten sich *allen* Fremden gegenüber so. Es ist egal, woher man kommt, solange man kein Engländer ist. Diese Selbstgefälligkeit wird durch einen starken Nationalismus weiter angekurbelt. Nationalismus ist eine tödliche Krankheit, die schon für die zerstörerischen Auswüchse im 19. und 20. Jahrhundert verantwortlich war. Ich wüsste nicht, warum die Engländer besonders gegen Deutschland und die Deutschen sein sollten. Keine Ahnung, ob die Leute immer noch Kriegsfilme gucken. Ich gehe nie ins Kino, Kino langweilt mich. Ich weiß noch, wie vor vielen Jahren, zu meiner Zeit als Grundschullehrerin in Brixton, einmal ein paar junge schwarze Schülerinnen – natürlich waren es Mädchen – eine kleine Chinesin einkreisten, die in Tränen aufgelöst war. Sie kniffen sie immer wieder, um sie noch mehr zum Weinen zu bringen. Und das nur, weil sie irgendeinen Film über die Japaner im Krieg gesehen hatten und dieses Mädchen zur Japanerin erklärten! Es gelang mir nicht, sie davon überzeugen, die Kleine in Ruhe zu lassen. Also, ich weiß nicht, woher das kommt. Es ist schrecklich, aber ich weiß es wirklich nicht.

Können Sie irgendein literarisches Werk nennen, das Sie auf ein Bild von Deutschland vorbereitete? Und fanden Sie dieses Bild dann bestätigt, als Sie hierher kamen?

Nach allem, was ich darüber weiß, würde ich gerne Goethe lesen wollen, aber das ist wohl auch der Einzige. Mir ist bekannt, dass Thomas Mann als jemand angesehen wird, der einen wundervollen Umgang mit der deutschen Sprache pflegt, aber ich finde, Vico redet absoluten Blödsinn, wenn er für die deutsche Sprache beansprucht, dass sie in ihrer Ausdrucksfähigkeit vornehmer sei als jede andere Sprache. Ich finde, das ist schrecklicher, perverser Nationalismus. Deutschland ist ja auch für seine Musik berühmt. Für mich hängt das mit dem Snobismus der deutschen Prinzen zusammen, die sich als Schirmherren für Komponisten und Musiker aufspielten und in Wirklichkeit miteinander konkurrierten, an wessen Hof die schönste Musik entstand. Mir persönlich gefallen die Komponisten der Romantik nicht. Schubert zum Beispiel mag ich gar nicht.

Und Brahms?

Nein, Brahms auch nicht. Ich mag niemanden aus dieser Zeit. Meiner Meinung nach war die Romantik-Bewegung falsch und unangebracht. Und außerdem war sie verantwortlich für die Degeneration der Kultur.

Finden Sie die Ideen der Romantik zu sentimental, zu irrational, zu ungenau?

Schönheit liegt für mich in der Form. Ein Kunstwerk sollte nicht extrem sein; es soll sein, was es sein sollte. Darin liegt eine Integrität, die zum Beispiel Tizian moderner macht als alle … also, es gibt niemanden, der moderner ist als er. Und es gibt niemanden, der moderner ist als Mozart. Wissen Sie, diese Künstler streben Tradition an. Ihr Wirken kommt aus der Tradition. Man kann diese Dinge nicht einfach aus der Luft nehmen. Und die Romantik hat versucht, die Tradition zu beschneiden. Nehmen Sie nur die Französische Revolution und die Idee, dass die Menschen lediglich etwas fühlen müssen, um sich ausdrücken zu können! Nein, man muss Selbstdisziplin haben – eine Selbstdisziplin, die letztlich von einer brennenden Liebe zu den Menschen herrührt. Und kein falsches Wunschdenken oder eine verzerrte Darstellung von Wirklichkeit.

Wenn Sie Ihre Studenten hier in Berlin betrachten, haben Sie dann den Eindruck, dass sie geschichtsbewusster sind als britische Studenten?

Das ist ein interessantes Phänomen. Ich weiß, dass die Studenten, die an der Hochschule der Künste aufgenommen wurden, wahrscheinlich alle aus einem privilegierten Umfeld kommen. Ihre Bildung ist sehr beeindruckend und natürlich sprechen sie alle perfekt Englisch. Einer der Gründe, warum ich diese Professur hier an der HdK bekam, liegt wohl darin, dass es in Deutschland – im Gegensatz zu England – einen gewissen Respekt vor der Erziehung gibt. Natürlich wird auch in England viel über Erziehung gesprochen. Tony Blair hat zu diesem Thema gesagt: „Je mehr jemand lernt, umso mehr Geld kann er später verdienen." Das war einer seiner Leitsätze, als er an die Macht kam.

Begegnen Sie in Deutschland vielen wirklich inspirierten Menschen?

Da ist zum Beispiel die Philharmonie hier in Berlin. Das ist zwar überhaupt keine Antwort auf Ihre Frage, aber die Philharmonie ist etwas, das mich inspiriert. Sie ist Ausdruck einer der wenigen Überreste der Kultur, einfach weil man niemals den technischen Aspekt außer Acht lassen kann. Man muss viel üben, um ein Instrument zu beherrschen oder um in einem Orchester spielen zu können. Oder um zu dirigieren! Was auch immer: Es geht nicht ohne Technik. So wie in der Malerei – da haben sie einfach die Technik über Bord geworfen, sie existiert gar nicht mehr.

Was repräsentiert für Sie Deutschland?

Warten Sie, dafür brauche ich einen Moment Zeit *(überlegt)*. Also, als ich das erste Mal nach Deutschland kam … Na ja, ich kenne Deutschland nicht sehr gut, ich kenne Berlin. Ich denke, wir sollten über Berlin sprechen. Manchmal fahre ich nach München, weil ich die Pinakothek dort sehr mag. Es ist eine der ganz großen Galerien. Dort wissen sie wirklich, was sie tun. Die Arbeiten sind großartig. Was mir gefällt an Deutschland und an Berlin, ist die Tatsache, dass der Osten geöffnet wurde. Ich liebe Sanssouci und den Friedrichsplatz! Ich liebe eure großen Alleen! Was mir nicht gefällt, sind diese ganzen Bauten in Berlin-Mitte – keiner weiß, was da vor sich geht. Und ich liebe die Freundlichkeit meiner Studenten und den Respekt, den sie mir entgegenbringen. Wir respektieren uns gegenseitig, und deshalb verstehen wir uns so gut. Sie arbeiten unglaublich viel, und das mit großer Leidenschaft. Nach dem Unterricht gehe ich übrigens sehr gerne ins *Einstein*, das ist mein Lieblingsrestaurant. Ich liebe es wirklich, nach Berlin zu kommen.

Jochen Gerz

Künstler

Herr Gerz, als Sie mit neunzehn Jahren, direkt nach dem Abitur, Deutschland verlassen haben, um ins Ausland zu gehen, gab es da etwas, was Sie aus dem Land hinausgestoßen hat?

Das ist so lange her, das habe ich vergessen. Ich bin raus aus Deutschland, weil ich zur Armee sollte. Ich gehörte zur ersten Generation, die eingezogen wurde. Aber ob das der einzige Grund war … Auf jeden Fall es ist gelungen, und es hat keiner Schaden davon genommen, denn es fand ja kein Krieg mehr statt, und mir ging's danach gut, und Deutschland ging's danach gut. Seitdem komme ich hier sehr gerne zum Arbeiten hin, aber zum Leben bin ich lieber in Frankreich.

Haben Sie damals ein Gefühl der Erleichterung empfunden, weil Sie irgendetwas hinter sich gelassen haben?

Ich habe immer schon gesagt: „Ich habe Deutschland so gern, dass ich zumindest eine Grenze zwischen mir und ‚ihm' haben will." Aber das hat sich eigentlich alles sehr entspannt, und dank Deutschland bin ich letztlich ein deutscher Künstler, obwohl ich da seit längerer Zeit nicht mehr wohne. Man nimmt einfach irgendwas mit, und das ist die Kindheit, aber die braucht ja kein Haus und auch keinen Pass. Da man in der Kunst sehr viel mit der eigenen Biografie zu tun hat, ist die Kindheit eine Art Vorratskammer, mit der man natürlich gut umgeht.

Das heißt, durch Ihre Arbeit begegnen Sie immer wieder auch dem Deutschen in Jochen Gerz.

Ja. Und von außen werde ich auch immer ein bisschen so betrachtet. Aber immerhin sind sie zu höflich, mir das Prädikat „typisch deutsch" zu verleihen. Doch es reicht ja schon, wenn sie es denken *(lacht)*.

1993 haben Sie in Saarbrücken ein Mahnmal gegen den Rassismus entwickelt. Welche Idee steckte dahinter?

Wenn die Vergangenheit etwas ist, das man eigentlich nicht ertragen kann, das man auch mal vergessen können muss, dann muss die Kunst eigentlich auch das mitmachen. Das heißt, sie muss verschwinden. Sie muss – wie bei Freud – im Unterbewusstsein verankert sein. Und dieses Kunstwerk ist ja eigentlich nicht da, es sagt ja: „Ich verweigere mich euch." Als die im Parlament darüber abgestimmt haben, sagte einer: „Wir müssen jeden Tag darüber laufen". Und ich habe geantwortet: „Dann gucken Sie doch, wo Sie Ihre Füße hinstellen! Das hilft ja auch sonst manchmal." Und so war eigentlich das Einzige, was man nicht zum Verschwinden bringen konnte, das Abwesende. Als Herr Bubis im letzten Moment zur Eröffnung kam, fragte er: „Aber wo ist denn das Mahnmal?" Er dachte eigentlich, er wüsste es; er dachte, in dieser Sache könnte ihm keiner mehr etwas erzählen. Und das drückt eigentlich auch wieder die Gegenwart aus, sie ist nie zu Ende gestrickt, sondern immer dazu da, uns zu überraschen. Das muss auch so sein, das kann man nicht im Namen einer furchtbaren Vergangenheit reduzieren. Sondern wir müssen das Risiko weiter tragen, wir müssen mittendrin sein und auch drin sein wollen, um vor lauter Vergangenheitsbewältigung nicht das Neue zu verpennen.

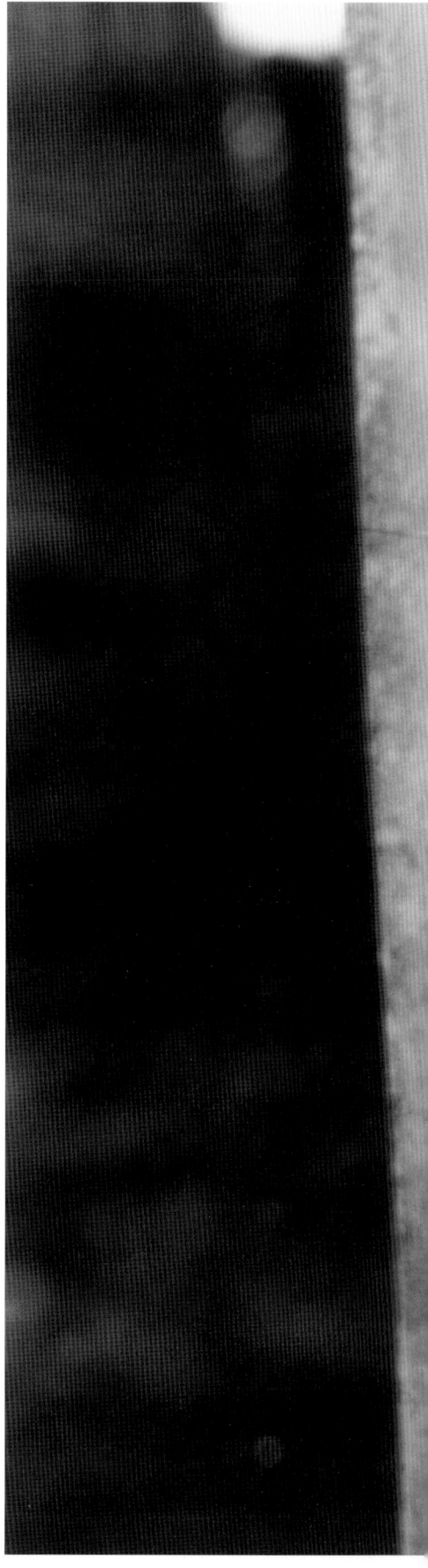

Dann wäre das Kunstwerk also so etwas wie die Wiederkunft des Verdrängten. Glauben Sie, *dass Deutschland wirklich anders aussähe, wenn es das Dritte Reich schlicht verdrängt, vergessen und vollkommen entsorgt hätte?*

Nein, das kann man so nicht sagen. Aber es ist alles Ressource. Unsere Vergangenheit ist letztlich etwas, aus dem Kultur und aus dem Zukunft gemacht wird. Und manchmal ist eine schwere Bürde eine gute Bürde. Ich glaube, banal ist es nicht und erklärbar ist es auch nicht – es ist fast wie eine Metapher für das Leben.

Ihre Arbeiten beziehen das Publikum häufig mit ein. Was verrät das deutsche Publikum über Deutschland?

Die Deutschen sind ein hervorragend geschultes, ein sehr neugieriges und ein quasi auf die Kultur angewiesenes Publikum. Wenn ein Land eine stabile, eine in sich ruhende, eine nie in Frage gestellte Vergangenheit hat, braucht es die Gegenwartskunst nicht so nötig. Dann tut's auch mal ein Bild aus dem 19. Jahrundert. Wo dieses Element aber fehlt, da werden sozusagen die Zukunft und die Gegenwart als Zukunftsträger zur intellektuellen Heimat. Dieses Nachkriegsdeutschland ist ein phantastisches Laboratorium gewesen und mit seiner sehr nervösen und dennoch sehr zivilen und an sich selbst zweifelnden Gesellschaft als Arbeitsstelle etwas Unvergleichbares.

Sie kommen mit Ihren Arbeiten ja auch immer wieder nach Deutschland zurück. Ist dort auszustellen, dort präsent zu sein, etwas ganz anderes für Sie, als wenn Sie sonst irgendwo Ihre Kunst zeigen?

Ein Mahnmal gegen den Faschismus verkauft sich zum Beispiel auch in Frankreich sehr gut. Aber mit meiner Arbeit mit den Obdachlosen von Notre Dame haben sie ihre Mühe. Und da haben auch die Hamburger ihre Mühe.

Was war das genau für eine Arbeit?

Ich habe zwölf Obdachlose auf den Vorplatz von Notre Dame gesetzt, in eine Bushaltestelle von Norman Forster mit einer großen Glasplatte davor. Die Passanten konnten da Geld reinwerfen, und die Obdachlosen guckten zu, was passierte. Meine Aussage war: „Ich gebe den Obdachlosen für sechs Monate ein Haus in der Kunst, das kann ich von meinem Budget bezahlen. Und für danach habt ihr vielleicht andere Ideen." Aber die Stadt wollte diese Installation nicht mehr, wegen der Touristen. Bei François Villon, bei Rimbaud, Prévert und Edith Piaf waren die *clochards* in der Kultur noch präsent, aber jetzt sind sie daraus verschwunden. Da haben die Franzosen genauso wie die Hamburger ihre Probleme mit. Aber die deutsche Presse war sehr angetan von dieser Arbeit.

Gibt es eine Kunst, die Ihrer Erfahrung nach in Deutschland nicht verstanden wird?

Manchmal habe ich die größte Mühe mit dem Humor in Deutschland. Wenn mich Leute fragen: „Wie macht man das, wie läuft die Arbeit an so einem Mahnmal ab?" Dann antworte ich, dass man vor allem Spaß daran haben sollte. Und die sagen: „Aber das geht doch nicht, mit dem Holocaust kann man doch keinen Spaß betreiben!" Und meine Antwort ist dann: „Gerade, wenn etwas sehr schlimm ist, muss man noch viel mehr Spaß daran haben."

Schröder hat sogar mal in einem Fauxpas gesagt, er möchte ein Mahnmal haben, wo die Leute gerne hingehen.

Er hat es so schräg gesagt, wie man so etwas als Politiker eben sagt. Aber er meinte vielleicht nur, dass es einen Punkt geben muss, wo wir Deutschen nicht mehr nur hinkriechen. Weil das Mahnmal Menschen sehen will, die aufrecht gehen. Denn kriechende Menschen sind kein Gewinn, selbst wenn sie aus Schuldgefühlen kriechen.

Herr Gerz, was repräsentiert für Sie Deutschland?

Ich bin immer gleich wieder verwirrt von diesem Deutschland. Ich habe das Gefühl, ich bin irgendwo weggegangen, aber nirgendwo angekommen. Und das ist Deutschland.

Michael Ballhaus

Director of Photography

Michael Ballhaus, kann man von Los Angeles aus den deutschen Film überhaupt verfolgen?

Nicht so richtig, weil ja nur ganz, ganz wenige Produktionen in Amerika zu sehen sind. Ich habe allerdings „Run, Lola, run" in Amerika gesehen *(lacht)*. Der lief ja mit sehr großem Erfolg hier. Selbst in Savannah Georgia – wir drehten zu der Zeit dort – lief der sogar für sechs Wochen im Kino, und alle Leute aus dem Team, die ihn gesehen haben, fanden ihn sehr gut. Inklusive Robert Redford, alle waren schwer beeindruckt und fanden ihn sehr witzig.

Löst so ein Film eigentlich eine Veränderung des Deutschlandbildes in Amerika aus? Man könnte ja denken, dass „Der bewegte Mann" das mal getan hat, Fassbinder hat es sicher getan – definiert da alle zehn Jahre jemand das Bild des Deutschen noch mal neu?

Da bin ich nicht so sicher, weil dieser Film etwas sehr Leichtes hat. Das ist das Schöne an ihm, weil er eigentlich nicht mehr sehr deutsch ist, das Leichte liegt uns ja sonst nicht so ganz. Die Amerikaner sind von Deutschland eigentlich etwas anderes gewöhnt, also eher so etwas wie „Das Boot", etwas Dramatisches oder eben Fassbinder. Aber es kann durchaus sein, dass „Lola rennt" trotzdem zu dieser Neudefinition beiträgt, ich kann es nicht so richtig beurteilen.

Das heißt, er wird nicht unbedingt als Kunstfilm wahrgenommen, sondern als ein unterhaltender Film?

Ja. Sie haben sich alle sehr gut unterhalten und fanden ihn witzig. Es gab ja auch hübsche Einfälle. Ein schönes Strickmuster, kann man sagen, dadurch, dass sich die Geschichte immer wiederholt. Sie ist auch leicht verständlich und hat nicht zu viele Dialoge. Deswegen gab es auch mit den Untertiteln keine Schwierigkeiten.

Gibt es denn da, wo Sie leben, ein Interesse an Deutschland? Fragt man Sie nach dem, was hier vorgeht, oder läuft Deutschland unter dem Oberbegriff „Europa", also ähnlich, wie wenn wir hier von „Afrika" reden?

Seit der Wiedervereinigung hat es sich verändert, besonders weil Berlin jetzt sehr viel in den Nachrichten zu sehen ist. Jetzt, wo Berlin wieder Hauptstadt ist, wird man eben nicht mehr gefragt, ob es in Polen liegt. Ja, man kann schon sagen, dass durch die Wiedervereinigung Deutschland auch in Amerika einen anderen Stellenwert bekommen hat.

Sie sind sicher schon über das Gelände von Babelsberg gelaufen. Mit Wehmut, mit Sentimentalität?

Eigentlich eher mit der Hoffnung, mal einen großen amerikanischen Film in Babelsberg zu drehen. Das ist mein Traum: sozusagen zu Hause zu sein, hier in Deutschland, in Berlin speziell, und dann einen großen amerikanischen Film in Babelsberg zu drehen – das wäre schon etwas Tolles!

Wann rührt Sie Deutschland – in der Ferne, meine ich?

Es rührt mich, wenn ich es lange nicht gesehen habe. Das ist mir letztes Jahr passiert, als ich zwei Filme hintereinander gedreht habe und zehn Monate weg war. Ich habe immer gedacht, eigentlich habe ich nach Deutschland kein Heimweh, aber plötzlich merkte ich, dass ich doch Heimweh kriege. Und da hat es mich gerührt, dass ich doch gerne in Deutschland bin.

Ist das ein Heimweh nach Sprache, nach Musik, nach Landschaften, nach Kunst?

Es ist alles das zusammen. Es ist weniger die Sehnsucht nach der Sprache als die Sehnsucht nach der Kultur, nach der europäischen Kultur. Nach dem Theater, nach Musik, nach Museen … Auch nach den Freunden, nach Gesprächen, die in Deutschland doch anders sind und über andere Dinge laufen als in meinen Kreisen in Amerika. Da geht es dann um das *box office*, da geht es um das nächste Projekt, da geht es um Stars, und hier spricht man halt doch manchmal über andere Sachen.

Das heißt, hier kommen eher ästhetische Fragen, formale Fragen zum Thema auf?

Auch menschliche Fragen, auch politische Fragen. Man ist natürlich dann, wenn man hier ist, auch an der Politik wieder interessiert.

Unterscheidet sich Ihrer Eischätzung nach die Art des Arbeitens in Amerika auch dadurch von der in Deutschland, weil in Amerika teamwork viel mehr gefragt ist als hier? Gibt Ihnen das trotzdem mehr Freiheit bei der Arbeit, als Sie hier in Deutschland hätten?

Sehr viel mehr Freiheit! Es ist die amerikanische Art und Weise, Filme zu machen. Da gibt es wirklich viel mehr *teamwork*, da wird eigentlich jeder Einzelne – ob das der Kameramann ist oder der Ausstatter oder die Kostümfrau oder der *editor* – in seiner eigenen Kreativität mehr gefordert und trägt mehr Verantwortung für seinen Job. Das ist natürlich schön so, mir macht das große Freude, und ich finde das wunderbar.

Was repräsentiert für Sie Deutschland?

Wofür Deutschland im Ausland bekannt ist, ist ja seine Eigenschaft, organisiert zu sein, fleißig zu sein, sparsam zu sein. Aber ich weiß nicht, ob diese Werte in Deutschland alle noch so gelten. Ich glaube, dass Deutschland eine Veränderung durchlebt, und ich habe die Hoffnung, dass ein paar Eigenschaften hinzukommen, die nicht typisch deutsch sind. Ich habe die Hoffnung, dass die Deutschen in der Zukunft vielleicht ein bisschen fröhlicher werden, ein bisschen sinnlicher, dass sie sich bewusst werden, in was für einem wunderbaren Land sie eigentlich leben. Ich habe Ihnen übrigens ein Foto mitgebracht *(holt ein Foto hervor)*. Das zeigt etwas sehr, sehr Schönes, was da in Berlin passiert ist, nämlich die Verhüllung des Reichstags. Das war nicht nur ein Kulturereignis, sondern fast möchte man sagen: ein Volksfest, ein sehr friedliches und fröhliches Fest. Und das hat mich ganz besonders beeindruckt – diese Kombination aus einem sehr abstrakten Kultur- oder Kunstereignis und aus dieser wunderschönen Stimmung dazu.

Liselotte Pulver

Schauspielerin

Frau Pulver, was verbinden Sie mit dem Begriff „Heimat"?

Heimat ist für mich die Schweiz. Ich bin Schweizerin, aktive Schweizerin, und sehr patriotisch. Ich bin eine richtige Eidgenossin.

Haben Sie jemals patriotische Gefühle für Deutschland gehabt?

Ja, auch. Ich hab ja auch einen deutschen Pass. Ich bin eigentlich halb Schweizerin, halb Deutsche, und deswegen ergreife ich auch immer sofort Partei für Deutschland, bei Fußballspielen, bei Tennis oder so etwas – da bin ich auch patriotisch.

Das heißt, im Grunde haben Sie zwei Patriotismen …

Ja, wobei ich natürlich sagen muss, dass die Schweizer Seite stärker ist. Ich bin ja da geboren und in die Schule gegangen, das muss ich schon sagen, sonst sind die Schweizer sauer. Deutschland ist mehr eine Wahlverwandtschaft, glaube ich. Ich bin eben wie die Deutschen auch sind: Ich bin exakt, ein bisschen ein Arbeitstier, ein bisschen trocken vielleicht auch.

Haben Sie sich in Amerika mit der deutschen Vergangenheit auseinander setzen müssen?

Überhaupt nicht, also zumindest nicht konkret auf deutsche Themen bezogen. Als wir den Film „Zeit zu leben, Zeit zu sterben" gedreht haben, in dem ein deutsches Mädchen und Bomben und diese ganzen Kriegsgeschichten vorkamen, da musste ich mich schon ein bisschen mehr damit beschäftigen, allein wegen meiner Rolle. Aber ich habe mich nie sehr gerne dazu geäußert, weil ich keine Ahnung habe. Ich war ja nicht in Deutschland während des Krieges.

Und ist es Ihnen leicht gefallen, so etwas wie die deutsch-deutsche Teilung komödiantisch aufzuarbeiten?

Ich hatte keine Beziehung dazu, das war für mich einfach eine Rolle. In „Eins, zwei, drei" war ich ein deutsches Fräulein und angestellt bei einem Amerikaner, und da hat mich natürlich dieser Mann interessiert und nicht die Nationalität. Und wie die Mauer kam, wusste ich auch nicht damit etwas anzufangen; das wird schon wieder, habe ich gedacht und das gar nicht ernst genommen. Ich konnte mir nicht vorstellen, was das bedeutet. Aber die deutschen Kollegen und die deutsche Produktion, die haben schon gewusst, was da los ist. Ich bin eigentlich ein unpolitischer Mensch, ich habe mich da vielleicht auch falsch verhalten. Es hat mich nicht so richtig interessiert, wenn ich ehrlich bin.

Erstaunlich, denn die Mauer wurde gebaut, während Sie an „Eins, zwei, drei" arbeiteten. Sind Sie hingegangen und haben sich die Bauarbeiten angeguckt?

Nein, wir sind sofort abgefahren, wir konnten ja nicht mehr drehen. Wir hatten Außenaufnahmen, und plötzlich am 14., nein, am 13. August 1961 konnte man nicht mehr durchs Brandenburger Tor fahren. Und die Produktion sagte, wir müssten den Film abbrechen, schließlich ging es ja genau darum, um Ost und West. Ja, und dann sind wir nach München gefahren, dort wurde das Brandenburger Tor nachgebaut, und da haben wir den Rest fertig gemacht. Das ist alles, aber ich hatte dazu keine Beziehung. Ich habe gedacht, das dauert ein, zwei Monate, und dann ist das vorbei.

Und als drei Monate vorbei waren, als ein Jahr vorbei war? Erinnern Sie sich noch, wie Sie damit umgegangen sind?

Ja, denn ich konnte nicht mehr nach Ostberlin fahren. Ich habe ja viel dort gearbeitet, auch Theater gespielt. Ich bin immer übers Wochenende rübergefahren, bin da ein bisschen durch die Stalinallee gelaufen und dann wieder zurück. Das konnte ich dann plötzlich nicht mehr. Das waren meine ganzen Eindrücke.

Und als Sie dann, 1989, gehört haben, dass die Mauer fällt, welche Gefühle haben Sie da gehabt?

Also, dazu muss ich Ihnen eins sagen: Ich habe schon etwa zehn Jahre vorher in einem Radiointerview gesagt: „Sie werden sehen, die Mauer kommt weg. So, wie sie gekommen ist, kommt sie weg." Und alle haben mir geantwortet: „Ja, ja, Frau Pulver, ist schon gut." Und dann, siehste, ist die Mauer weg!

Was fehlte dem deutschen Film in den fünfziger, in den sechziger Jahren?

Wahrscheinlich Internationalität. Die Filme waren genauso gut wie die französischen und amerikanischen und sicher auch nicht viel billiger in der Herstellung, aber es fehlte am Verleih. Die Filme wurden nicht verkauft; es waren dadurch auch zu wenige internationale Schauspieler zum Verkauf. Auf jeden Fall sind die deutschen Schauspieler bestimmt genauso gut wie die amerikanischen.

Mit welchen Augen schauen Sie sich heute deutsche Filme an?

Mit sehr viel Wehmut und Begeisterung und Verherrlichung. Das war eine glanzvolle Zeit, wunderbar, man hatte nur den Film im Kopf, man wollte nur Rollen, man wollte nur die besten Partner, die besten Regisseure, man wollte natürlich auch international bekannt werden …

Und wenn Sie aktuelle Filme im Kino sehen, mit welchen Gefühlen schauen Sie sich das an?

Mit gemischten Gefühlen. Ich muss schon ein bisschen Kritik üben: Ich sehe zu wenig Gesichter, ich sehe zu viel Technik, ich sehe jede Menge Lichteffekte, Explosionen, *action*, Unfälle,

Jagden, aber ich sehe kein Gesicht. Wenn man endlich mal den Hauptdarsteller auf der Leinwand hat, ist der sofort wieder weg, und stattdessen sehen Sie irgendwo ein abstürzendes Flugzeug. Ich möchte aber das Gesicht sehen! Und ich möchte mir auch nicht immer diesen Krach und die ganzen Explosionen anhören müssen. Das finde ich ein bisschen schade. Die Schnitte sind zu schnell; ich weiß nicht, ob sich die Zuschauer ohne das langweilen, aber ich finde, es ist doch toll, wenn man eine wirklich schöne Frau sieht, gut, also meinetwegen auch nackt, ist doch Wurscht. Oder einen schönen Mann, eine tolle Szene, einen Ausbruch von einem guten Schauspieler – das möchte ich sehen!

Denken Sie, wenn Sie weit weg sind, manchmal mit Wehmut, mit Sentimentalität an Deutschland?

Ja, weil es mir einfach wohl hier ist. Ich habe hier am meisten gearbeitet, ich kam hier am besten an. Und die Leute sind irrsinnig nett zu mir gewesen, ich wurde sehr verwöhnt, und ich habe hier auch sehr viel Geld verdient – also meine ganze Karriere habe ich hier gemacht. Und das wünsche ich mir dann woanders auch. In der Schweiz ist es auch schön, aber in Frankreich hatte ich schon einige Mühe. Da kam ich nicht so ganz mit, weil die Französinnen so schön und so perfekt sind.

Aber in Deutschland schon. Bei mir kommen auch die Deutschen sehr gut an. Ich mag den deutschen Typ; ich war auch mit einem Deutschen verheiratet. Der deutsche Mann ist für mich einfach der Inbegriff gewesen von Männlichkeit, von Begabung, ja, von Perfektion.

Gehört da auch etwas Schwärmerisches dazu?

Ich weiß nicht, es hat mir einfach gelegen. Mir gefällt das. Mir gefällt das Dominierende am deutschen Mann. Ich mag das. Dann brauch' ich selber nicht mehr zu denken (*lacht*).

Welche Landschaft finden Sie besonders typisch für Deutschland?

Bayern. Bayern habe ich sehr, sehr gern und auch die Bayern selber, ich mag auch den Akzent sehr. Und Norddeutschland. Und den hamburgischen Humor liebe ich sehr, das ist einfach nicht wegzudenken. Ich mag die Gegend dort, ich mag die Mühlen, ich mag das Meer, ich mag sogar das Klima.

Sie meinen die trockene Art der Hamburger?

Ja, die ist sehr trocken, aber unheimlich komisch. Also wenn jemand behauptet, die Norddeutschen hätten keinen Humor, dann war der noch nie in Norddeutschland!

Wenn Sie zurückschauen: Was hat sich Ihrer Meinung nach in der Mentalität des Landes innerhalb der letzten fünfzig Jahre am stärksten verändert?

Das ist auch so ein Thema, das ich gar nicht richtig anzupacken wage. Dieser Hang zum Exhibitionismus, zum Nudismus, zum-alles-Herunterreißen, ja auch die Kleider! Alles muss man sehen, alles in Großaufnahme zeigen! Beim Küssen muss man ganz genau sehen, wie das nun funktioniert mit den beiden Mündern. Aber auch das ist wahrscheinlich international, aber Deutschland macht es mit, das wundert mich ein bisschen. Sie hätten doch sagen können: „Nein, das brauchen wir nicht. Wir brauchen nicht ständig Bettszenen. Ich mache einen Film ohne Bettszenen, ich brauche das nicht." Ich finde, wenn einer die Tür zumacht, das Licht ausgeht, dann kann ich mir die Szene vorstellen, das genügt.

Was repräsentiert für Sie Deutschland?

Deutschland ist mein Leben. Mein Beruf, mein Erfolg und mein privates Glück mit meinem Mann, der Deutscher war.

Daniel Libeskind

Architekt

Herr Libeskind, Sie wurden in Polen geboren, haben in Israel, Amerika und England gelebt. Wie haben Sie Deutschland vor Ihrer Ankunft hier, also aus der Distanz heraus, wahrgenommen?

Ganz anders, als ich es jetzt durch mein Leben hier kenne. Ich habe Deutschland aus einer distanzierten Perspektive heraus gesehen, als einen fremden, separaten Ort mit all seinen Unabwendbarkeiten und Möglichkeiten. Es war eine distanzierte Wahrnehmung, ganz anders, als wenn man hier lebt und in die Dinge einbezogen ist.

Düster, dunkel?

Es war für mich fast so etwas wie ein verbotener Bereich, ein Bereich, in den ich nicht gehörte und für den ich somit auch weiter kein Interesse hatte. Und doch denke ich im Rückblick, dass das die falsche Einstellung war. Wenn man sich auf Menschen und Orte einlässt und diese kennen lernt, gibt man viele seiner Vorurteile auf. Natürlich existieren sie weiter, aber irgendwie gehören sie dann zu den Abstraktionen der Geschichte und haben keine zeitlose Gültigkeit. Und trotzdem muss man einige Hindernisse überwinden, um Leute kennen zu lernen und frei zu denken.

Erinnern Sie sich noch, was Sie dachten und beobachteten, als Sie zum ersten Mal dieses Land betraten?

Ich erinnere mich, dass ich am Anfang immer auf das Alter der Leute achtete. Wie alt ist der oder die wohl während der furchtbaren Jahre des Holocausts gewesen? Hat er damit zu tun gehabt? Wie alt sind seine Kinder? Ist er damals schon erwachsen gewesen? Was hat er gemacht? In meiner ersten Zeit hier konnte ich nicht anders, als mich das ständig zu fragen, ich konnte diese Leute einfach nicht wie andere Menschen betrachten. Ich habe das Ganze immer in ethischer Relation zu ihrer Vergangenheit und natürlich der der Juden gesehen, vor allem der Juden aus Europa, woher meine Familie stammt.

Und hat es Ihre Perspektive verändert, wenn diese Menschen älter waren?

Absolut. Ich habe alles getan, um älteren Menschen nicht zu nahe zu kommen! Ich weiß nicht, das mag ein großer Fehler gewesen sein. Sie hätten theoretisch Helden des Widerstandes sein können, aber das bezweifle ich.

Hätten Sie den Mut gehabt, jemanden persönlich anzusprechen und zu fragen?

Habe ich gemacht! Meistens lief das auf eine mehr oder weniger indirekte Art und Weise ab, in einem Restaurant oder einer Bibliothek, wo, ohne dass große Worte gemacht worden sind, zwischen uns etwas durchgesickert ist. Oft hat sich meine ursprüngliche Meinung dann bestätigt, aber es gab immer wieder Menschen, bei denen das, was ich wusste, und das, was nicht gesagt wurde, in einer durchaus merkwürdigen Relation stand.

Finden Sie die jungen Deutschen geschichtsbewusster als Menschen in anderen Ländern?

Auf die Leute, die ich getroffen habe, die jungen Architekten, die kamen, um mit mir zusammenzuarbeiten, trifft das sicher zu. Meistens waren das junge Leute aus Berlin und Umgebung, die mit mir an Projekten arbeiten wollten, die etwas mit Geschichte zu tun hatten – so wie Sachsenhausen, das Jüdische Museum, das Felix-Nussbaum-Museum. Das waren keine normalen Leute, die einfach nur einen Job suchten. Das waren engagierte Leute, die sich schon lange im Voraus mit diesen Themen beschäftigt hatten.

Einige der zentralen Punkte des Jüdischen Museums bezeichnen Sie mit voids. *Diese Darstellung von „Leere" ist die architektonische Manifestation einer geschichtlichen Erfahrung. Können Sie beschreiben, welche Verbindung Sie zwischen Auschwitz und den* voids *versucht haben zu konstruieren?*

Diese *voids* verlaufen durch die Stadt, durch Deutschland, durch die gesamte Welt. Sie symbolisieren Schnitte, eine komplette Trennung, eine Kluft. Und sie sind permanent anwesend. Ich habe versucht, dem Ganzen eine physische Präsenz zu geben und es in einer geometrischen, topographischen, architektonischen Form zu verkörpern. Auf diese Art und Weise kann der Museumsbesucher die Gesamtheit dieser „Leere" erfahren, auch wenn sie nur eine implizierte ist und immer impliziert bleiben wird. Die Stadt wird ewig durchdrungen sein von dieser materialisierten „Leere", die gleichzeitig eine Orientierung ist, eine Orientierung durch die Geschichte, rückwärts und vorwärts.

Haben die Besucher des Museums diese Verkörperung wahrgenommen?

Na ja, bevor sie es wahrnehmen konnten, musste ich es erst einmal gebaut kriegen … Natürlich haben die zuständigen Leute vom Bauministerium mir klipp und klar gesagt: „Mr. Libeskind, das scheint uns keine sehr glückliche Idee, Geld für die Konstruktion von etwas auszugeben, das gar nicht da ist." Aber es war ja gerade meine Absicht, diese Erfahrung als physische Erfahrung zu vermitteln, nicht nur in Form einer Idee. Das sollte durch die emotionale Erfahrung dieser Mauern geschehen, nackter Mauern, und durch Orte, die durch ihre Akustik eine Distanz zum Alltag schaffen.

Wenn man Ihr Museum betritt, ist man sofort fasziniert und durchdrungen von seiner Wirkung. Es sind die Wände, die dem Besucher auf der Stelle diese Erfahrung vermitteln. Haben Sie den Eindruck, dass die Deutschen bereit waren, die spirituelle Seite Ihres Konzepts anzunehmen?

Ich entwerfe niemals ein Gebäude mit der Frage im Kopf, wie die Leute wohl darauf reagieren werden. Der Entwurf ist niemals eine didaktische, pädagogische Übung. Ich habe das Jüdische Museum so entworfen, weil Nicht-Raum ein Teil von Raum ist und somit ein wichtiges Mittel zur Orientierung darstellt. Aber natürlich reagieren die Leute auf die Wände und auf das Licht. Ich war froh, dass die meisten Besucher die Idee dahinter verstanden, ohne jemals etwas darüber gelesen zu haben. Allein das Betreten des Gebäudes, der Eindruck von den Räumen und das Laufen auf dem Betonboden hat ihnen vermittelt, dass mehr zur Wirklichkeit gehört als nur Philosophie und als das, was in Büchern steht.

Wo wir gerade von Wänden und Mauern sprechen: Sie kamen 1989 nach Deutschland, also zum Zeitpunkt der Wiedervereinigung. Wie haben Sie als Fremder, als Beobachter dieses Landes, jene Ereignisse erlebt?

Wir bezogen unser Büro im Juli 1989, also sozusagen noch mitten im Kalten Krieg, als dann kurz darauf die Mauer fiel. Das Büro lag ganz in der Nähe der Straßen, durch die dann die Massen zogen. Mir war klar, dass etwas von großer Bedeutung passierte. Ich stand dem Ganzen allerdings etwas zwiespältig gegenüber, nachdem der Begriff „Deutschland" einmal so mit Größe und Macht und später dann mit Teilung verbunden war. Als ich die Massen sah, verspürte ich ambivalente Gefühle und Zweifel. Natürlich war ich nach den Schrecken des kommunistischen Regimes in Polen froh, dass sich diese Welt auflösen würde. Aber da blieb immer noch die Frage, was dies alles für die Menschen hier, jetzt und morgen bedeuten würde.

Margaret Thatcher hat damals ähnliche Bedenken geäußert, worüber sich viele Leute aufgeregt haben, allerdings hatten eine Menge Menschen Angst davor, was Deutschland auch sein könnte …

Zum Glück hat sie sich geirrt. Ich denke, diese Gefühle hatten trotz aller Berechtigung irgendwo auch keine solide Basis. Aber ich muss zugeben: Als ich damals schließlich doch mein Büro verließ und vor die Tür trat, als ich Teil dieser euphorisch in die Zukunft blickenden Masse wurde, musste ich an alle jene Bewegungen in der Geschichte denken, die von einer ähnlichen Euphorie getragen wurden. Eine Art Déjà-vu-Erlebnis über all die verschiedenen Plätze und Zeiten in dieser Stadt hinweg.

Haben wir es hier also mit einer verpassten Chance zu tun?

Ich denke ja. Berlin ist eine riesige Stadt mit vielen eindrucksvollen Gebäuden von guten Architekten, aber das macht sie noch lange nicht zu einer wirklich großartigen Stadt. Eine großartige Stadt beruht auf einem ausgewogenen Verhältnis zwischen einem respektvollen Blick zurück in die Vergangenheit und einem Vorausschauen in die Zukunft. Eine solche Stadt hinterlässt einen viel tieferen Eindruck auf die menschliche Seele als eine schicke Ansammlung von glänzenden Fassaden.

Halten Sie es im Hinblick auf das Berliner Olympiastadion, das Führerhauptquartier oder das Haus der Kunst in München für angebracht, von faschistischer Architektur zu sprechen?

Absolut. Es gibt so etwas wie faschistische Architektur – eine Architektur der Unmenschlichkeit, die sich in Form von so genannter Kunst manifestiert und den Leuten als solche vorgeführt wird.

Wo finden Sie Ruhe, wenn Sie danach suchen?

Berlin ist eine ziemlich ruhige Stadt, nicht wie London, New York oder Tokio. Es ist sehr entspannt hier. Man könnte sich eine Tour einmal quer durch die Stadt überlegen, auf der man keine Menschenseele treffen würde. Das ist wirklich ungewöhnlich für eine Metropole von historischer Bedeutung, aber diese Erfahrung habe ich hier gemacht.

Heute stehen nur noch wenige Meter der Berliner Mauer. Denken Sie nicht, dass es noch einen anderen architektonischen Ausdruck für das geben sollte, was die Mauer dargestellt hat?

Absolut. Ich erinnere mich, wie ich während eines Interviews kurz nach dem Fall der Mauer aus dem Fenster schaute und sah, wie eine Planierraupe alles plattwalzte. Ich war erstaunt, wie schnell Geschichte verschwindet und wie stark der Wunsch nach ihrem Verschwinden ist. Heute denke ich, dass Geschichte nicht eine Frage der Veränderung bis hin zu Nullpunkten ist. Irgendetwas bleibt immer gegenwärtig und der Impuls, sich komplett zu verändern, ist nicht unbedingt der kreativste.

Wenn Sie heute das architektonische Gesicht Berlins betrachten, ist es für Sie alles in allem eine Enttäuschung?

Auf jeden Fall. Ich bin der Meinung, dass man Geschichte nicht dadurch aufarbeiten kann, dass man alles zubaut. Man muss sich mit ihr beschäftigen und das eben auch in der Auseinandersetzung mit Raum.

Da wären wir wieder bei der Leere, bei den voids angelangt.

Irgendwie schon. Die Diskrepanz zwischen dem Bild dieser Stadt und ihrer Realität ist so gigantisch, dass nur ein Riese sie überwinden könnte.

Was repräsentiert Deutschland für Sie?

Das ist eine schwierige Frage. Für mich sind es zumeist die Dinge, die man nicht auf der Oberfläche findet. Man geht auf die Straße und plötzlich kommt einem der Gedanke, dass nur wenige Zentimeter unter dem Asphalt ein völlig anderes Berlin ist, eine ganz andere Topographie. Und das Gleiche passiert, wenn man die Lichter der Stadt und den Himmel betrachtet – dahinter, in einer weniger offensichtlichen Atmosphäre, liegt das andere Berlin. Und die beiden sind in ständigem Dialog miteinander.

Ismael Ivo

Tänzer und Choreograf

Herr Ivo, hat es im Zeitalter der Globalisierung noch Sinn, in der Kategorie „Länder" zu denken?

Heute leben wir alle in einem *global village*. Für mich ist es von großer Bedeutung, im Moment in Deutschland zu leben. Deutschland ist für mein Leben, meine Arbeit und meine Gedanken Symbol.

Welches Symbol wäre das?

Wenn ich mir mein Leben betrachte und das, was ich in diesen siebzehn Jahren in Deutschland gemacht habe, ist es vor allem Freiheit. Dazu gehört eine Form von Radikalität.

Können Sie beschreiben, was an Deutschland anregend und inspirierend wirkt?

Wenn du eine Idee hast, möchtest du sie weiterverfolgen und bewegst dich in diese Richtung. Meine Arbeit ist eine Form von Ausdrucksmöglichkeit. In Deutschland gibt es den Ausdruckstanz – Pina Bausch, Hans Kresnik und meine eigene Arbeit –, es besteht also eine eigene Welt des Tanzes.

Wird das faszinierender dadurch, dass die Deutschen eher steif, eher ungelenk, eher weniger beweglich als die Brasilianer erscheinen?

Vielleicht bewegen sich die Brasilianer eher zu viel *(lacht)*. Ich verstehe auch nicht, warum, aber ich fühle mich mit meinem Leben und mit meiner Arbeit und meiner Existenz hier in Berlin zu Hause. Ich weiß nicht, es war kein Jugendtraum von mir; ich habe nicht gesagt: „Eines Tages will ich nach Deutschland und dort als Tänzer und Choreograf Karriere machen." Es ist schon komisch, auch für mich, dass ich mich hier so zu Hause fühle.

Ist es Energie?

Es ist Energie, ja. In Österreich ist es zum Beispiel ganz anders *(lacht)*. Auch in der Schweiz. In Deutschland sind die Leute direkter. Ich habe zu meinen amerikanischen Freunden gesagt: „Okay, in Amerika hörst du vielleicht jeden Tag ‚Have a nice day, have a nice meal!' Aber ich weiß gar nicht, was das heißen soll – ‚Have a nice day!'. In Deutschland gucken dir die Leute vielleicht nicht ins Gesicht, aber das ist für mich völlig okay, dann gucke ich eben auch nicht in ihr Gesicht." Das ist so in Deutschland: Wen du magst, den magst du wirklich, und wen nicht, den eben nicht. Und das ist okay, das ist menschlich.

Berlin war der erste Ort, den Sie überhaupt betreten haben, als Sie aus Brasilien ankamen. Können Sie versuchen zu beschreiben, wie Ihnen Berlin erschien?

Zuerst war ich schockiert. Aber ich muss auch sagen, als ich vom Flughafen in die Stadt kam, war da sofort ein starkes Gefühl. Ich weiß nicht, vielleicht war ich in meinem früheren Leben auch Deutscher.

Dann passt das ja wunderbar, dass Sie nun am Nationaltheater in Weimar, dem Theater Goethes, als Chefchoreograf der dortigen Compagnie den Mephisto mit einem überragenden Erfolg gespielt haben! Haben Sie eine Beziehung zur deutschen Klassik, zu Goethe, zu Schiller, zu Weimar?

Für mich gibt es da etwas Universelles – Gefühle und Leben und Tod und Existenz –, da wird alles thematisiert, was uns Menschen ausmacht. Und als Künstler hast du jede Menge zu gucken und zu fragen – zu jedem Stück gibt es eine neue Frage! Wenn ich morgens die Zeitung lese und mich über die Welt aufrege, dann wird das alles in meinen Stücken verarbeitet. Und auch in dieser Hinsicht sind die Leute in Deutschland seriöser. Sie machen etwas aus ihren Gefühlen. Das sagt schon das Wort „Ausdruckstanz" – das habe ich in Brasilien nie gehört.

Das heißt auch, die Deutschen haben kein Talent zur Oberflächlichkeit?

Nein, so würde ich das auch nicht sagen. Es gibt verschiedene Gefühle in Deutschland und im deutschen Leben. Vor allem gibt es ein starkes Gefühl vom Leben.

Welches Werk, welcher Gegenstand, welche Musik repräsentiert für Sie Deutschland? Wenn Sie eine Sache benennen müssten, was wäre das?

Das erste Stück, das ich hier in Berlin gemacht habe, hieß „Delirium of a childhood". In diesem Stück verbinde ich Gustav Mahlers „Kindertotenlieder" mit afrikanischen Wiegenliedern. Diese Musik ist für mich jeden Tag präsent. Die „Kindertotenlieder" mit Christa Ludwig, Karajan und den Berliner Philharmonikern, das ist wunderschön!

Norbert Glanzberg

Komponist

Herr Glanzberg, in Deutschland spricht man heute mit Stolz von dem liberalen Klima der zwanziger Jahre in Berlin. Wie haben Sie die ausgehenden zwanziger Jahre in Berlin erlebt?

Als Jude konnte ich an dieser *connaissance* nicht teilnehmen. Es war sehr schwierig. Außerdem war ich zwanzig bis dreiundzwanzig Jahre alt, und diese drei Jahre bestanden für mich darin, durch das politische Dickicht durchzukommen und das zu überleben. Und dann habe ich alles hinter mir gelassen und bin aus Deutschland geflohen, um 1933 nach Frankreich zu gehen.

Waren denn die zwanziger Jahre bereits so antisemitisch, dass Ihre Bewegung eingeschränkt war?

Natürlich. Schon vorher sogar. Ich bin schon im Gymnasium und im Konservatorium diskriminiert worden. Man wurde außen vor gelassen, es wurden einem Hindernisse in den Weg gelegt. Ich war übrigens froh, wenn man mich ignoriert hat, wenn ich eben mit diesem Problem so wenig wie möglich zu tun hatte.

Haben Sie je einen Blick in „Mein Kampf" geworfen? Oder in den Stürmer*?*

In den *Stürmer* ja. Ich war ja damals in Würzburg, hundert Kilometer von Nürnberg entfernt, wo Streicher den *Stürmer* herausgebracht hat.

Erinnern Sie sich, mit welcher inneren Bewegung Sie den Stürmer *gelesen haben?*

Nicht gerade mit innerer Bewegung, vielmehr mit Abscheu. Was da darin stand, war abscheulich. Nicht nur falsch, sondern abscheulich. Aber man hat sich beinahe daran gewöhnt. Man wusste, wenn man den *Stürmer* las, dass man sich dann eben auf dieses unverschämte, gefährliche Hetzblatt einliess.

Haben Sie Aufmärsche der Nazis gesehen?

Natürlich. Mit Angst, mit Entsetzen und mit Abscheu. Wie sich viele Deutsche absolut delektierten, um Juden, um uns zu beschimpfen, zu beleidigen und zu misshandeln!

Sind Sie selber Opfer von Gewaltakten geworden?

Natürlich, selbstverständlich. Es kam vor, dass junge Leute auf mich spuckten, an mir vorbeigingen und auf mich spuckten. Dagegen konnte man sich nicht wehren, das war sehr gefährlich. Man wischte sich die Spucke ab und ging weiter.

Sie waren Musiker. Sie waren in der Unterhaltungsmusik. War das eine andere Welt, oder war es dieselbe?

Ich glaube, dass es keine andere Welt war. Die Leute mussten ja mitmachen. Es wäre zu gefährlich gewesen, sich abzusondern, und Widerstand war unmöglich.

Hat es für Sie persönlich nicht einen merkwürdigen Hautgout gehabt, in dieser politischen Situation für die Unterhaltungsmusik zu arbeiten?

Nein, das nicht. Aber ich musste heiter erscheinen. Obwohl natürlich die angebliche Heiterkeit das ständige Angstgefühl versteckte. Und ich hatte ja auch meine Eltern. Meine Eltern sind erst einige Monate nach der Reichskristallnacht nach Paris gegangen.

Erinnern Sie sich noch an die Reichskristallnacht?

Ja, ganz genau. An die Silhouette des Brandes, an die Aufregung auf der Straße. Man wusste ja als Jude – ich bin übrigens kein gläubiger Jude, ich weiß nicht, ob ich Ihnen das sagen soll – man wusste, das war jetzt ein Signal für eine neue Hatz.

Sie sind nach Paris gekommen und mussten als der Sohn galizischer Juden ja nicht notwendigerweise als Deutscher angenommen werden. Hat man Sie als Deutschen gesehen? Hat man Sie als Jude in Empfang genommen?

Es gab in Frankreich französische Juden, die sich um die Flüchtlinge gekümmert haben. Ich kam in einem Hotel unter, wir waren sechs in einem Zimmer. Und dann versuchte ich – ich sprach damals kein Französisch – mich über Wasser zu halten wie andere Kollegen auch. Ich versuchte, in der Gegend der Börse Büromaterial zu verkaufen, aber ich hatte kein Talent.

Da Sie aber dann in Frankreich auch als Musiker Erfolg hatten, müssen Sie sich also das französische Komponieren beigebracht haben …

Die Franzosen sind ein Mittelmeervolk, und die französische Musik hat nichts mit der deutschen Populärmusik zu tun, die ja auch beeinflusst ist von vielen slawischen, russischen, ungarischen Elementen. Zu meiner Zeit waren in Deutschland Operetten ganz groß, wie die „Csardasfürstin" von Kálmán, aber die war in Frankreich absolut unbekannt. Hier regierte das Akkordeon – ein Instrument, das ich übrigens hasse, weil es Ausdruck der Vulgarität für mich ist. Man muss sich nur die Gesichter der hier bekannten Akkordeonspieler ansehen, da ist im Ausdruck übertragen, was die Musik auch inspiriert: Vulgarität. Aber um überleben zu können, musste ich alles machen, auch Musik auf der Straße. Man lieh mir also ein Akkordeon, obwohl ich gar kein Akkordeon spielen konnte. Und 1938 geschah das, was für mich damals ein Wunder war. Es gab zwei berühmte französische Chansonsängerinnen, Lucine Bouillée und eine, die man in Deutschland nicht kennt, Lys Gauti. Ich hatte ein Engagement in einem Zigeunerorchester in Hilversum, in Holland, gefunden. Wir spielten in einem Hotel, und eines Abends kam der *maître d'hotel* und erklärte uns, dass Lys Gauti an dem Abend mit ein paar Freunden zu Gast sei. Da hatte ich die Idee, ein Potpourri aus ihren berühmtesten Songs zu komponieren. Es hat ihr sehr geschmeichelt, und sie hat mich an ihren Tisch gebeten. Ich sagte ihr, dass ich schon seit Jahren versuchte, an sie heranzukommen, aber ihre Sekretärin mich immer abgewiesen hätte. Und sie antwortete: „Ach was, hier ist meine Visitenkarte, zögern Sie nicht, zu mir zu kommen!" Und als ich einen Monat später nach Paris zurückkam, habe ich Miss Gauti angerufen, und sie hat mich gleich empfangen. Ich spielte ihr einige Melodien vor, und sie war ganz außer sich vor Freude, wirklich außer sich, und fand die Sachen wunderbar. Es wurden dann die Texte geschrieben, dann hat sie die Lieder auf Schallplatte aufgenommen und gesungen, und es wurden ganz große Hits. Leider habe ich davon nie einen Pfennig gesehen oder einen Franc, weil es immer eine gewisse Zeit dauert, bis ein musikalisches Werk oder ein Chanson Tantiemen abwirft. Es braucht ja Monate, manchmal zwei, drei Jahre. Und als die Tantiemen endlich da waren, waren leider auch die Deutschen schon da. Und ich habe nie etwas davon gesehen.

Die Deutschen wurden unausweichlich für Sie … Haben Sie zu deutschen exilierten Juden in Paris Kontakt gehabt?

Nein, ich bin ja polnischer Abstammung. Als ich ein Jahr alt war, kam ich nach Würzburg und wusste gar nicht, was Polen ist. Meine Eltern waren polnisch, und ich hatte einen polnischen Pass. Und dann wurde ich während des Krieges von der polnischen Armee in Frankreich rekrutiert. Das war ein furchtbares Leiden für mich, denn die Polen waren ekelhafte, grausame Antisemiten, die sich amüsierten, mich zu quälen. Dann kam Gott sei Dank der Waffenstillstand, und ich bin nach Marseille in die freie Zone. Komischerweise kam ich an der Côte d'Azur in Kontakt mit Tino Rossi. Als unbekannter junger Ausländer kam man ja damals mit den berühmten Stars sonst nicht in Berührung. Ich musste mir ein korsisches Kostüm anziehen, um ihn zu begleiten.

Sie waren ständiger Begleiter einer so berühmten Person wie Edith Piaf und verbunden mit einer ganzen Reihe anderer sehr namhafter Musiker. War es nicht möglich, Ihren Namen, den Sie sich doch dann erworben haben mussten, auch publik zu machen?

Das war unmöglich, denn es war ja verboten, Werke von jüdischen Komponisten oder Autoren aufzuführen und zu veröffentlichen. Meine Sachen wurden gesungen, ich verkaufte sie, ich brauchte ja Geld zum Überleben, und ich brauchte auch Geld für falsche Papiere, die man nur schwarz und sehr teuer kaufen konnte. Ich musste auch die Leute, die mich unter meinem falschen Namen versteckten, bezahlen. Ich war ja froh, wenn ich etwas verkaufen konnte, um etwas Geld zu bekommen, weil es Überleben hieß. Ich nannte mich Pierre Minet damals – offiziell Minet-Glanzberg –, aber ich hatte große Angst, dass sie mich nach meinen Papieren fragen würden, weil ich Französisch nur mit deutschem Akzent sprach. Und eines Tages, es war in Nizza, klopfte es früh um sieben Uhr an meiner Tür, und zwei Männer kamen rein und sagen: „Guten Tag, Herr Glanzberg." Sie machten mir Fesseln um die Füße, ich wurde abgeführt. Unterwegs habe ich versucht, mit ihnen zu verhandeln: „Bitte lassen Sie mich doch frei, ich habe nichts getan, ich habe nur falsche Papiere, Sie wissen ja, warum." – nichts zu machen. In Nizza wurde ich ins Gefängnis gesteckt, dort blieb ich einige Monate und kam dann in eine deutsche Organisation, die sich, glaube ich, „Todt" nannte, T-o-d-t. Das Gefängnis war eine reine Synagoge! Es waren dort nur Juden und einige Zigeuner. Ich war bei einem Zigeuner in der Zelle. Tino Rossi war ja

damals das Idol der Franzosen, und durch ihn habe ich eine berühmte Schauspielerin von der Groupe Française kennen gelernt, die hieß Marie Belle. Mit der war ich sehr befreundet. Und als in dem Gefängnis eine Liste von allen Juden gemacht wurde, die in einigen Wochen oder Monaten abgeführt werden sollten, habe ich einen der korsischen Gefängniswärter gebeten, Marie Belle auszurichten, dass ich wahrscheinlich abgeschoben werden sollte. Und eines Samstagabends um zehn Uhr, es war schon Polizeisperre, ging die Gefängnistür auf und ein Gefängniswärter mit einer Hasenscharte hat mich aus meiner Zelle gezerrt, in eine leere gesteckt und mir meine Zivilkleider gegeben. Ich habe schon gemerkt, dass da gleich etwas losgehen würde, und er hat mich dann auch durch die erleuchteten Gänge des Gefängnisses ans Hintertor geführt, wo der Wagen der Préfecture des Alpes Maritimes stand, rechts und links eskortiert von einem Motorradfahrer mit weißen Handschuhen, als ob ich weiß Gott jemand wäre. In dem Wagen saß ein Herr, zu dem haben sie mich reingeschubst, und dann sind wir durch das nächtliche Nizza die Côte d'Azur entlang bis nach Antibes gefahren. Und die Italiener, die Nachtwache hatten, haben mich gegrüßt, als ob ich ein Minister wäre. Sie hat sie hypnotisiert, diese Marie Belle, sie hat es fertig gebracht, mich da rauszuholen, und so kam ich zu George Auric, dem späteren Operndirektor. Auric hatte seine Villa ganz nah am Meer, und ich musste immer ans Klavier, denn ich war zwar nicht der beste, aber auch nicht der schlechteste Pianist.

Man wartete damals auf die Landung der Alliierten, die Truppen waren schon in Nordafrika. Und eines Abends, so gegen zehn oder elf Uhr, klopfte es brutal dreimal an der Tür. Ich blieb am Klavier sitzen, und die Frau Porter machte die Tür auf. Es war eine deutsche Patrouille, drei Soldaten, bewaffnet, und einer fragte in schlechtem Französisch: „Wer macht denn hier so spät noch so viel Lärm? Sie da?" Und deutete auf mich. Er hat mich lange von oben bis unten angeguckt, hat salutiert – und dann ist er weg.

Er hat gewusst, dass Sie Jude waren?

Er hat es erkannt. Das werde ich nie vergessen.

Mit welchen Gefühlen haben Sie die Nürnberger Prozesse verfolgt?

Ich möchte jetzt etwas sehr Dummes sagen: mit Vergnügen. Ich fand es absolut richtig, was da mit den Deutschen, mit Streicher, Ribbentrop, Keitel und anderen passierte, dass sie zum Tode verurteilt wurden. Göring hatte sich ja umgebracht. Ich fand das richtig.

Sie sind vor einiger Zeit in Ihre Heimatstadt Würzburg zurückgekommen. War es eine leichte Reise für Sie?

Beides. Leicht und schwer. Etwas wieder zu finden, was mir auch einmal gehörte, wo ich hingehörte, war natürlich sehr bewegend. Und ich wurde mit wunderbarer Wärme von Würzburgern, die ich gar nicht kannte, aufgenommen. Es war wirklich sehr berührend, wohltuend, und das hat mich ein bisschen – nicht vergessen, aber übertünchen – lassen, was wirklich geschehen ist.

Hätten Sie die Kraft gehabt, zu den Würzburgern zu sprechen, oder hätten Sie lieber am Klavier für sie gespielt?

Das habe ich getan.

Sie haben gespielt?

Ja. Was aber nicht bedeutet, dass sich das Ganze noch einmal wiederholen könnte. Davon bin ich sogar überzeugt.

Was repräsentiert für Sie Deutschland?

Alles zusammen. Das Positive und das Negative. Ich glaube, das, was geschehen ist, wäre heute noch einmal möglich. Absolut. Ganz bestimmt.

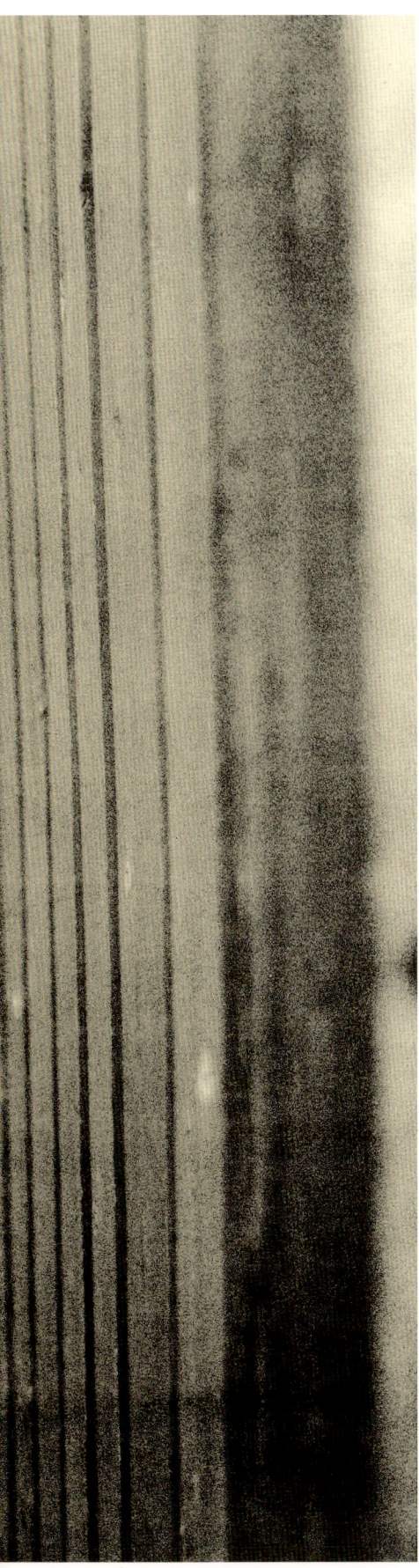

Miriam Pucitta

Regisseurin

Frau Pucitta, Sie sind aufgewachsen in der Schweiz und in der Toskana, wo Ihre Eltern herstammen, und vor etwa zehn Jahren sind Sie nach Deutschland gekommen. Was motivierte Ihre Reise nach Deutschland?

Ganz konkret bin ich erst mal hierher gekommen, um an der Filmhochschule in München zu studieren. Aber irgendwie habe ich mich, unabhängig von der Filmhochschule, immer schon vom Norden angezogen gefühlt, und ich hatte schon mit achtzehn meinen ersten deutschen Freund *(lacht)*. Mittlerweile sagt mein Freund, ich sei deutscher als er – wenn ich mal humorlos bin oder steif oder unflexibel in den Gedanken. Manchmal habe ich das Gefühl, dass man hier sehr gradlinig einen Gedanken verfolgt, während die Italiener mit ihren Gedanken mehr so wie Schmetterlinge hin und her flattern, hier mal was assoziieren oder aus Spaß provozieren. Gerade in meiner Gegend, in der Toskana, ist es fast eine Art Sport, jemanden, den man nicht kennt, erst einmal auf die Probe zu stellen, indem man ihn provoziert und schaut, wie weit man sich vortasten kann.

Wenn Ihr Freund sagt, Sie seien heute deutscher als er, was meint er dann genau?

Zum Beispiel fahre ich nicht schwarz mit der U-Bahn, auch um Mitternacht nicht *(lacht)*, was ich die ersten Jahre immer gemacht habe. Oder wenn meine Schwester mich besucht, dann sage ich: „Claudia, wir sind in Deutschland! Es gibt das und das zu beachten. Also geh nicht über die Straße, wenn die Ampel rot ist!" In Italien gehen die Leute, wenn kein Auto kommt, immer über die Straße, es wäre Unsinn, abzuwarten, dass es Grün wird. Man schaut nach rechts und links und geht rüber – jeder ist verantwortlich für sich selber. Hier nicht, hier gibt es Menschen, die dir dann tatsächlich hinterherrennen und sagen: „Ja, aber Sie sind bei Rot über die Ampel gegangen!" Oder wenn man mit dem Fahrrad in eine Einbahnstraße fährt, dann weiß ich genau, dass da prompt wieder so ein alter Herr auftaucht, der sich mit erhobenem Zeigefinger auf die Fahrbahn stellt und „Stop" schreit *(lacht)*.

Sie sehen also eine Vorliebe für das Erzieherische auf deutscher Seite? Menschen zu belehren, Menschen zu bekehren …

Ja, es herrscht eine sehr starke Ethik in Deutschland, was zum Beispiel in Italien nicht der Fall ist. Das hat auch Vorteile, zum Beispiel, wenn jemand etwas verliert und gleich jemand hinterherläuft und es dir wiedergibt. In Italien werden immer erst zehn Sekunden Gedanken verschwendet: „Lohnt sich das? Soll ich das vielleicht behalten? Mal schauen, was drin ist …" *(lacht herzlich)*. Man soll ja nicht pauschalisieren, aber manchmal glaube ich, dass in den großen Städten vieles von der Ethik auch wieder verloren gegangen ist. Zum Beispiel im letzten Winter, da bin ich mit meinem Freund von einem Fest zurückgefahren, und da sehen wir an einer Bushaltestelle im frischen Schnee jemanden auf dem Boden liegen. Ich habe meinem Freund zugerufen, dass er anhalten soll, bin über die Straße gerannt und sehe da diesen Mann auf dem Boden liegen. Und dann kommt mein Freund aus dem Auto, ganz ruhig, und sagt: „Ja, vielleicht hat er getrunken." Und ich in meiner Mutter-Theresa-Rolle bücke mich runter zu ihm und frage: „Bitte, haben Sie Schmerzen?" Der Einzige von den Passanten um uns herum, der sich außer mir auch noch um den Mann gekümmert hat, war ein Schwarzer. Ich will jetzt nicht sagen, die Deutschen haben alle kein Herz, aber das war schon bezeichnend!

Ist das ein Symptom für das Gemeinschaftsleben in Deutschland, dass so etwas wie Mitgefühl oder Mitbegeisterung weniger stark ausgebildet sind als zum Beispiel in Italien?

Ich habe das Gefühl, dass hier viele Leute einsam sind und sehr isoliert leben. Man verteidigt dann diese private Welt, es herrscht so eine Art Angst, nach außen zu gehen, Berührungen

zu schaffen, Kontakte. Viele einsame Leute, einsame Omas, wirken auf mich ganz frustriert, ob gegenüber Kindern oder gegenüber Fahrrädern. Nur gegenüber Hunden nicht, Hunde sind ja heilig hier *(lacht wieder)*.

Haben Sie das Gefühl, dass – wenn wir jetzt mal so pauschal reden – der Italiener bei sich ist, wenn er in der Familie ist, und der Deutsche, wenn er alleine ist?

Das mit der Familie ist eine Krankheit in Italien. Die Familie ist bei uns sehr wichtig. Als ich in München studiert habe, bekam ich plötzlich Angst, ich könnte nicht fertig studieren, weil ein Onkel von mir, ein alter General, auf einmal allein war. Meine Tante war gestorben, und er hat zu mir gesagt: „Miriam, ich habe dich ausgewählt, weil du meine Lieblingsnichte bist." Und hat erwartet, dass ich zu ihm fahre und ihn begleite bis zum Ende seiner Tage! Das ist üblich in Italien: Wenn man keine Kinder hat, die sich um einen kümmern könnten, nimmt man die Nichten und Neffen. Die Leute setzen daher Kinder in die Welt als Investition in die Zukunft.

Haben Sie manchmal das Gefühl, die deutsche Familie ist beziehungslos?

In meinem Bekanntenkreis in Deutschland gibt es auf jeden Fall mehr Kinder von geschiedenen Eltern als in Italien. Wir leben ja immer die Vorgeschichte unserer Eltern mit, wir leben sie zu Ende, und dann fangen wir an, selbst zu leben, irgendwann. Aber die Vergangenheit und den Hintergrund der eigenen Familie trägt man immer mit sich herum. In Deutschland ist die Familie sehr offen, man führt die zweite, dritte Ehe, oder man lebt zusammen, ohne zu heiraten.

Das ist inzwischen auch in Italien der Fall. Mein Freund und ich sind ja auch nicht verheiratet, und das wird jetzt akzeptiert, aber die erste Zeit musste er bei meinen Eltern zu Hause in dem einen Zimmer schlafen und ich in einem anderen.

Reisen Sie in Deutschland?

Ja, aber nicht genug. Mein Freund sagt immer, ich würde Deutschland nur auf der einen Seite des Weißwurstäquators kennen. Aber manchmal fahre ich schon nach Berlin oder Hamburg.

Haben Sie den Rhein mal gesehen?

Soll ich jetzt einen Vergleich zwischen Arno und Rhein ziehen?

Nein, nein, das ginge nicht – weil der Rhein der Inbegriff des romantischen Deutschland ist. À propos: Haben Sie einen Blick für das, was die Deutschen in Konfrontation mit der eigenen Landschaft sentimental macht?

Ich erlebe die Deutschen weniger sentimental mit der Landschaft als zum Beispiel bei diesem – wie heißt das? – „Musikantenstadel" hier in Bayern. Oder bei dieser Fernsehsendung, wo die Leute auf einem Schiff sind und singen, und hinter ihnen zieht die Landschaft vorbei. Da spüre ich, diese Menschen haben Mut zum Kitsch – etwas, was man selten in Deutschland erlebt. Auch die Bayern, die sich mit diesen Hüten …

Gamsbarthüte!

Genau! Das finde ich schön. Nicht weil das folkloristisch ist, sondern weil da das Herz einfach pulsiert.

Sie haben interessanterweise in einem Ihrer Filme die Italiener mit deutschen Schauspielern besetzt. Warum?

In dem Fall war es so, dass die deutschen Protagonisten Kinder von italienischen Gastarbeitern waren. Für mich waren sie von der Kultur her Deutsche, aber sie mussten gut Italienisch sprechen. Und ab und zu sind auch deutsche Wörter gefallen, und ich wollte, dass sie sich wie Deutsche bewegen, also mussten es Deutsche sein, denn es ist schwer, einen Italiener zu bremsen, wenn man nicht seine Hände an der Hosennaht festklebt. Nur die Rolle vom Sohn des Bäckers war ein echter Italiener, aber ausgerechnet die habe ich mit einem Deutschen besetzt. Ich hatte an der Theaterakademie einen Schauspieler gesehen, der hat mir so gut gefallen, dass ich ihn unbedingt für den Sohn des Bäckers haben wollte. Ich habe ihn und seinen Film-Vater separat gecastet, und erst am ersten Drehtag sind sie zusammen vor mir erschienen, und sie haben so gut zusammengepasst, das war echt wie Vater und Sohn! Aber die konnten kein Wort miteinander sprechen, weil nämlich der deutsche Schauspieler seinen Italienischunterricht hier in München immer geschwänzt hatte. Was er im Nachhinein übrigens sehr bedauert hat. Sie waren kongenial zusammen.

Das heißt, sie mussten sich durch Gesten verständigen?

Na ja, er hatte ja seinen Text auswendig gelernt und auch die Mimik. Die Sprache von einem Bäcker ist meistens sehr einfach, man spricht mehr mit den Händen als mit Worten. Und das hat er alles zwei Wochen vor dem Dreh noch gelernt.

Von außen betrachtet, ist ja einer der größten Unterschiede in der Erscheinung zwischen Deutschen und Italienern tatsächlich die Gebärdensprache.

Ja, aber auch die Art, wie man Leute anschaut. Hier in München oder in Deutschland allgemein fühle ich mich oft wie ein Phantom. Ich überlege mir, ob ich überhaupt da bin, keiner guckt mich an *(lacht)*. Und kaum bin ich in Italien, bin ich wieder als Mensch präsent – und das nicht nur, weil ich eine junge Frau bin, meiner Mutter passiert das genauso. Man wird angeschaut, man wird berührt, man hält sich im Arm, an der Hand und so weiter. Das ist etwas, was ich hier sehr vermisse.

Kommen Ihnen die Deutschen weniger sinnlich vor als die Italiener?

Nein, das kann man nicht sagen. Die Italiener verwechseln Sinnlichkeit oft mit Sexualität *(lacht)*, sie reden immer über Sex. Aber zu Ihrer Frage: Nein, man kann nicht sagen, die Deutschen wären unsinnlich. Es ist aber eine sehr intellektuelle Sinnlichkeit, sie entsteht im Kopf, während der Italiener sehr aus dem Bauch heraus geht. Der Italiener ist sehr impulsiv, das muss man schon als Klischee weitergeben, das ist einfach so. Wir machen große Fehler, weil wir uns einfach hinwerfen, während die Deutschen erst mal nachdenken und überlegen. Aber das hat nichts mit unsinnlich zu tun.

Was repräsentiert für Sie Deutschland?

Bevor ich nach München kam, war ich zwölf Jahre lang Vegetarierin. Aber in Bayern gibt es ja diese „Weißwürschte", und als ich zum ersten Mal eins von diesen flatschigen, molligen Dingern essen sollte, war mir so ekelig *(lacht)*! Aber dann habe ich erfahren, dass es sich um eine „heilige Tradition" handelt und ich das jetzt essen muss, sonst würde ich geköpft werden. Ich glaube, das war so eine Art Initiation: Weißwurst essen war mein erster Schritt in mein neues Leben in Deutschland. Und mein Freund damals, ein Künstler, hat mir gezeigt, wie man am besten auf dem rutschigen Teller, ohne die Hände zu benutzen, mit Messer und Gabel die Haut abzieht. Wie ein Chirurg, eine richtige Kunst! Und eine schöne Tradition.

Kent Nagano

Dirigent

Maestro Nagano, Sie wuchsen auf einer Farm in Kalifornien auf. Erinnern Sie sich noch an die ersten Bilder, die Sie von Deutschland hatten?

Meine Bilder von Deutschland sind in der Tat sehr intensiv. Mein erster und mich sehr prägender Musik-Professor kam aus München. Und der verwendete oft – zuerst als mein Klavierlehrer und später als Dirigent – Bilder aus der Gegend um München zur Illustration der Musik, die wir spielten. Meine Vorstellung von den Komponisten war also hauptsächlich an die Natur, an Landschaften geknüpft: Seen, Bäume, Vögel, Tiere – all das benutzte er, um unsere Phantasie zu stimulieren. Deshalb hatte ich als Kind – so erstaunlich das klingt – einen relativ starken Bezug zu Deutschland.

Das war also mehr oder weniger ein Bild der deutschen Romantik?

Die deutsche Romantik – auf jeden Fall die Literatur und besonders die Lyrik, diese bildhaften Ausdrücke – ist so eindrucksvoll, dass ich sie auch heute als Erwachsener, viele Jahre später, noch für meine Arbeit einsetze.

Finden Sie das auch übertragen auf die Musik, wenn Sie zum Beispiel Schumann hören oder die so genannte Programm-Musik, die dazu geschaffen ist, Bilder zu evozieren?

Begriffe wie „schneller", „langsamer" oder „lauter", „sanfter" sind oft so einschränkend. Das ist nicht immer so, aber manchmal, wenn ein Konzert so etwas wie einen Zauber hervorrufen kann, dann geschieht das, weil jeder Einzelne aus dem Ensemble seine eigene Phantasie und seine eigene Inspiration mit in die Darbietung hineinlegt. Dichtung und die Symbolik von Bildern, zu der wir einen

persönlichen Zugang haben, kann in uns ein Engagement freisetzen, das überaus wichtig ist. Ich wuchs auf einer kleinen Farm am Meer auf – ein sehr ungewöhnlicher Ort, um eine Musikerkarriere zu starten. Aber als unser Professor auf diese poetische, bildhafte Art und Weise über die Landschaft seiner Heimat sprach, da wurde diese Bildhaftigkeit übertragbar auch auf unsere eigene Umgebung. Ja, ich hatte einen sehr starken Bezug zu Deutschland.

Zu welchen Elementen in der Tradition deutscher Musik konnten Sie spontan einen Bezug herstellen?

Ich denke, alle Musiker betrachten die großartige Tradition deutscher Musik – sei es Kammermusik, Instrumentalmusik, Gesang oder Symphonien – als die grundlegende Basis einer Literatur, die wir die große europäische Literatur der Musik nennen. Darüber hinaus ist sie untrennbar mit der deutschen Dichtung verbunden, denn Dichtung und Musik inspirieren sich oftmals gegenseitig. Also wir alle, die wir in den darstellenden Künsten tätig sind, betrachten die gesamte Tradition deutscher Künste als grundlegend für unser Repertoire.

Gibt es eine besondere Eigenart der deutschen Musik, etwas, das alle Werke musikalischer Art vereint, die hier geschaffen wurden?

Was mich am meisten an der deutschen Musikliteratur beeindruckt, ist die Tatsache, dass sie Jahrhunderte alt ist. Sie ist sehr, sehr alt und sehr tiefgründig. Und das Bemerkenswerteste ist, dass während dieses langen Zeitraums ganz gewaltige, ja fast schon radikale Fortschritte gemacht wurden. Mit anderen Worten: Das Spektrum ist so reichhaltig, dass es fast unmöglich ist zu behaupten, irgendeine besondere Eigenart würde die gesamte Tradition repräsentieren. Ich glaube kaum, dass man so etwas behaupten kann. Natürlich ließe sich etwas über die Kultur an sich sagen – Gott sei Dank kann man das, obwohl wir heutzutage diese

enormen technischen Neuerungen haben, wie Internet oder Videokonferenzen. Aber dabei handelt es sich eben nur um die Verbreitung von Informationen, glücklicherweise geht es da noch nicht um das Aufteilen von Kultur; es sind nur kleine Informationshäppchen, die durch die Welt fliegen. Ich sage *glücklicherweise*, weil es damit weiterhin Unterschiede zwischen den Kulturen gibt. Es ist allerdings schwierig, diese näher zu erläutern. Wenn ich das könnte, wäre ich bestimmt Chef der Vereinten Nationen oder mit einer anderen wichtigen Rolle in der Diplomatie betraut. Aus meiner eigenen Erfahrung heraus würde ich sagen, die Sprache hat sicher etwas damit zu tun. Eine Sprache zu beherrschen, in der Lage zu sein, das Funktionieren einer Gesellschaft nachzuspüren, und nicht zuletzt dieselbe Luft zu atmen und die jeweilige Landschaft zu sehen – all das macht den natürlichen Rhythmus einer Gesellschaft schneller erlebbar. Diese Dinge beeinflussen unser Leben unmittelbar. Die verschiedenen Künste und die Architektur eines Landes haben großen Einfluss auf die Entwicklung einer Kultur. Ich bin hoffnungslos kalifornisch, fürchterlich amerikanisch und ich würde niemals zu hoffen wagen, mich je anders bezeichnen zu können. Wir sind eben, was wir sind. Aber die gemeinsame Freude an der Kultur, die gemeinsame Freude an der Universalität der Künste ist der Tatsache zu verdanken, dass es die Sprache ist, die alle Grenzen überwindet. Das ist etwas einzigartig Menschliches, das jeder von uns in sich trägt. Für uns Künstler ist es sehr wichtig, dass wir zumindest den Versuch machen, dem Ursprung der anderen Kultur nachzuspüren, damit wir wirklich eine Beziehung zu ihr aufbauen können. Also die Sprache, die natürliche Umgebung, der Puls der Gesellschaft – dies sind alles Dinge, die meiner Meinung nach in Deutschland anders sind als überall sonst in der Welt.

Ihre Frau wuchs in Deutschland auf, obwohl sie, glaube ich, einen japanischen Pass hat. Hat sie Deutschland für Sie reflektiert? Hat sie Ihnen ein Bild von Deutschland vermittelt, schon bevor Sie zum ersten Mal herkamen?

Ja, wir haben oft darüber gesprochen. Unser erstes tiefergehendes Gespräch zu diesem Thema war, als ich sie meiner Familie in Kalifornien vorstellte. Sie war nie zuvor in Kalifornien gewesen, und das Erste, was sie sagte, als sie aus dem Flugzeug stieg, war: „Mein Gott, ich bin am Ende der Welt. Weiter kann ich nicht gehen. Dann wäre ich ja schon wieder auf dem Weg zurück nach Europa." Sie sagte wirklich, ich bin am Ende der Welt, und sie war erfüllt von einem Gefühl der Sorge und großer Angst. Zu dem Zeitpunkt begannen wir, über Musik zu sprechen und darüber, was diese neue Erfahrung für sie darstellte. Für sie wäre es ein Ding der Unmöglichkeit gewesen, ihr ganzes Leben in Kalifornien zu bleiben und dabei Musikerin zu sein. Ihre Beziehung zur Musik, ihre Sicht darauf ist also sehr an Deutschland gebunden.

Was repräsentiert für Sie Deutschland?

Sie wenden sich hier an jemanden, der noch nicht lange in Deutschland ist. Jemand, der von der Kultur und der Schönheit hier sehr, sehr beeindruckt ist. Einer außergewöhnlichen Kultur. In diesem Zusammenhang würde ich also sagen: Was Deutschland für mich repräsentiert, ist diese besondere Verbindung zwischen einer sehr weit entwickelten Technologie und einer lange währenden, großartigen Tradition.

Husam Chadat

Regisseur

Husam, du hast in Syrien bereits als Schauspieler gearbeitet und du hast auch mit deutschen Stücken auf der Bühne gestanden. Was waren das für Stücke?

Ich habe in „Mann ist Mann" von Brecht gespielt. Ich war damals Student an der Theaterakademie, wo ich zum ersten Mal auch Theaterstücke von Schiller und Goethe gelesen habe. Und dann gab es eines Tages die Gelegenheit, „Mann ist Mann" zu realisieren, wo ich eine ganz kleine Rolle gespielt habe, einen Soldaten. Ich habe sehr viel daran gearbeitet, bis die Rolle richtig gut saß und sich die Zuschauer bei meinen Auftritten immer tot lachten. Am Ende hat mir der Hauptdarsteller vorgeworfen, dass ich ihm die Schau stehlen würde. Das war eine schöne Erfahrung!

Hattest du – unabhängig von der deutschen Literatur – ein Bild von Deutschland?

Ja, als ich ganz klein war, ging mein Onkel zum Medizinstudium nach Düsseldorf. Und so war das erste Fremdwort, das ich in meinem Leben je gehört habe, „Deutschland". Er hatte mir ein Geschenk gemacht, eine blaue Hose, und meine Familie erzählte mir: „Die ist aus Deutschland." Für mich war das erst einmal ein großes Fragezeichen: Was ist das? Ist es ein Monster, ein Himmel, ein Paradies, ein Mensch, ein Land? Erst später habe ich den Begriff dann verstanden, und in der Schule alles über Deutschland ganz interessiert und genau gelesen. Auch über Bismarck und den Zusammenschluss des Deutschen Reichs. Als meine Cousine uns später in Damaskus besuchen kam, fanden gerade die Olympischen Spiele in Kanada statt. Wir haben sie gemeinsam im Fernsehen verfolgt. Und immer wenn Deutschland eine Medaille gewonnen hat, haben wir laut gebrüllt. Irgendwie habe ich da unbewusst ein Gefühl für Deutschland entwickelt. Ich bin auch ein großer Fan vom deutschen Fußball gewesen, von der deutschen Mannschaft, von Beckenbauer, Rummenigge, Völler und Breitner – ich kannte alle großen Namen auswendig. In der Straße, wo ich gewohnt habe, waren sie alle Fußballfans, aber alle waren für Brasilien, Argentinien, Holland. Keiner hat die Deutschen gemocht. Keiner! Außer mir. Wir haben uns stundenlang über jedes Spiel unterhalten, gestritten und auch gewettet – alles wirklich mit Leidenschaft.

Das ist deshalb überraschend, weil das deutsche Spiel immer als diszipliniert, unschön, effizient beschrieben wird. Die deutschen Fußballer werden gerne als Turniermannschaft bezeichnet, aber es heißt auch immer, es fehle ihnen alles, was Spielfreude ausmacht, was brasilianisch aussehen könnte, was artistisch ist. Hat dich das nicht gestört?

Das stimmt. Aber was mir an den Deutschen immer gefallen hat, ist, dass sie im Moment der Niederlage Stärke zeigen. Das fasziniert mich an den Deutschen insgesamt: dass sie nie untergehen, immer stark bleiben und vom Abgrund wieder nach oben kommen. Da gibt es Spiele, die ich nie vergessen werde, zum Beispiel als Frankreich gegen Deutschland in Spanien gespielt hat, bei der WM oder EM 1982, ich weiß es nicht mehr genau. Jedenfalls führte Frankreich schon mit 3 : 1, und plötzlich kommt Rummenigge. Die Deutschen schießen noch zwei Tore, es steht 3 : 3, es gibt ein Elfmeterschießen – und Deutschland gewinnt! Ich glaube immer an die Deutschen, auch wenn es so aussieht, als würden sie verlieren. Ich warte immer bis zur letzten Sekunde, und meistens schießen sie dann noch ein Tor.

Findest du, dass das deutsche Fußballspiel so etwas wie die Mentalität der Deutschen widerspiegelt?

Ich glaube schon. Zum Beispiel hat es mich immer gewundert, wie Deutschland es nach der Niederlage vom Zweiten Weltkrieg geschafft hat, noch einmal so stark zu sein. Wie haben die Deutschen das geschafft? Das ist eigentlich der Hauptgrund dafür, dass ich nach Deutschland gekommen bin: Ich wollte diese Mentalität verstehen. Ihre Disziplin, ihr Organisiertsein, ihren großen Respekt vor Arbeit. Ich habe hier Jobs gemacht, als Möbelpacker und so – zu Hause wäre das eine Schande gewesen. Hier hat man sogar vor einem Straßenkehrer Respekt oder zumindest vor seiner Arbeit.

Hast du herausgefunden, warum den Deutschen das Wiederaufstehen nach einer Niederlage gelingt?

Vielleicht haben sie aus dieser Erfahrung mit dem Zweiten Weltkrieg viel gelernt. Außerdem haben sie vor lauter Angst, Fehler zu machen, die Eigenart, sich alles zwanzig- oder hundertmal vorher zu überlegen. Ich bin seit sechs oder sieben Jahren in Deutschland, ich habe hier viel gelernt. Ich bin ein anderer als vorher, und man nimmt ja auch unbewusst Einflüsse an.

Woran merkst du das?

Ich organisiere mich besser, mache rechtzeitig Termine, informiere mich gründlich. Wenn mir jemand etwas erzählt, muss ich immer genau wissen: wann, wie und warum. Das war vorher nicht so. Oder auch die Sprache. Im Arabischen reden oder handeln die Leute zuerst und dann denken sie nach. Und entdecken, dass alles falsch war. Hier lernt man, erst zu denken und dann zu sprechen. Das liegt auch an der Struktur der deutschen Sprache, an diesen Trennverben wie „auf-nehmen", „an-nehmen", „zu-nehmen". Dann sagst du eins von diesen Wörtern, aber ohne das Ende versteht man nicht, was du meinst. Man muss also genau wissen, was man sagen will, bevor man es ausspricht.

Wo erkennst du die Schattenseiten dieser Tugenden?

Es gibt keine Spontaneität in Deutschland. Es ist mir selten passiert, dass ich zu einem Freund sagen konnte: „Komm, wir gehen ins Kino!", und der dann vor nächster Woche Zeit hatte. Die Deutschen antworten immer: „Ja, gerne, am Wochenende oder im Juni vielleicht."

Gibt es Situationen, in denen die Deutschen dir Angst machen?

Manchmal, weil sie so direkt sind. Das hat auch Vorteile, aber es ist oft verletzend, wenn du zum Beispiel einen Deutschen fragst: „Kannst du mir helfen?", und der dann antwortet: „Nein, kann ich nicht." Bei uns sagen die Leute: „Kein Problem!" Aber sie helfen dir nicht – das ist auch nicht besser.

Hast du das Gefühl, dass die Deutschen so etwas wie eine Siegermentalität haben?

Ja, eine Siegermentalität haben sie. Klar. Obwohl sie Probleme mit ihrem Nationalstolz haben. Das liegt vielleicht an den Weltkriegen. Es gibt so viele Deutsche, die die Nationalhymne nicht kennen, weil sie Probleme mit dem Nationalstolz haben! Nur im Fußball schreien sie „Deutschland!", da merkt man, die wollen gewinnen.

Du hast als Filmemacher eine ganze Reihe von Preisen gewonnen, zum Beispiel den Max-Ophüls-Preis. *Spielt Deutschland in deiner filmischen Arbeit eine Rolle?*

In diesem kurzen Film, für den ich den Preis bekommen habe, habe ich versucht, eine deutsch-türkische Hochzeit durch die Perspektive von der Damentoilette aus zu filmen. Das heißt, die Kamera war auf den Spiegel in der Damentoilette vom Hochzeitssaal gerichtet. Ein Türke heiratet also eine Deutsche, und der Zuschauer bekommt gezeigt, was hinter den Kulissen, in der Toilette, passiert. Und dabei kommt raus, dass er eigentlich nur heiratet, weil er in Deutschland bleiben will. Das Ganze mit viel Humor, ich zeige auf lustige Weise, was im Hintergrund dieser Hochzeitsfeier passiert.

Was repräsentiert für dich Deutschland?

Umweltschutz. Mülltrennung und Umweltschutz, das war für mich eine ganz neue Erfahrung. Es gibt eine Geschichte, die ich nie vergessen werde: Als ich ganz neu in Deutschland war, bin ich mit Freunden an einen See gefahren, in Bayern irgendwo. Wir haben Chips gegessen, und plötzlich bläst der Wind einem von uns die Tüte aus der Hand, und sie fliegt ins Wasser. Und die Freundin von mir springt ins Wasser und holt die Tüte raus! Sie war total empört, dass das passieren konnte, weil sie unbedingt das Wasser sauber halten wollte.

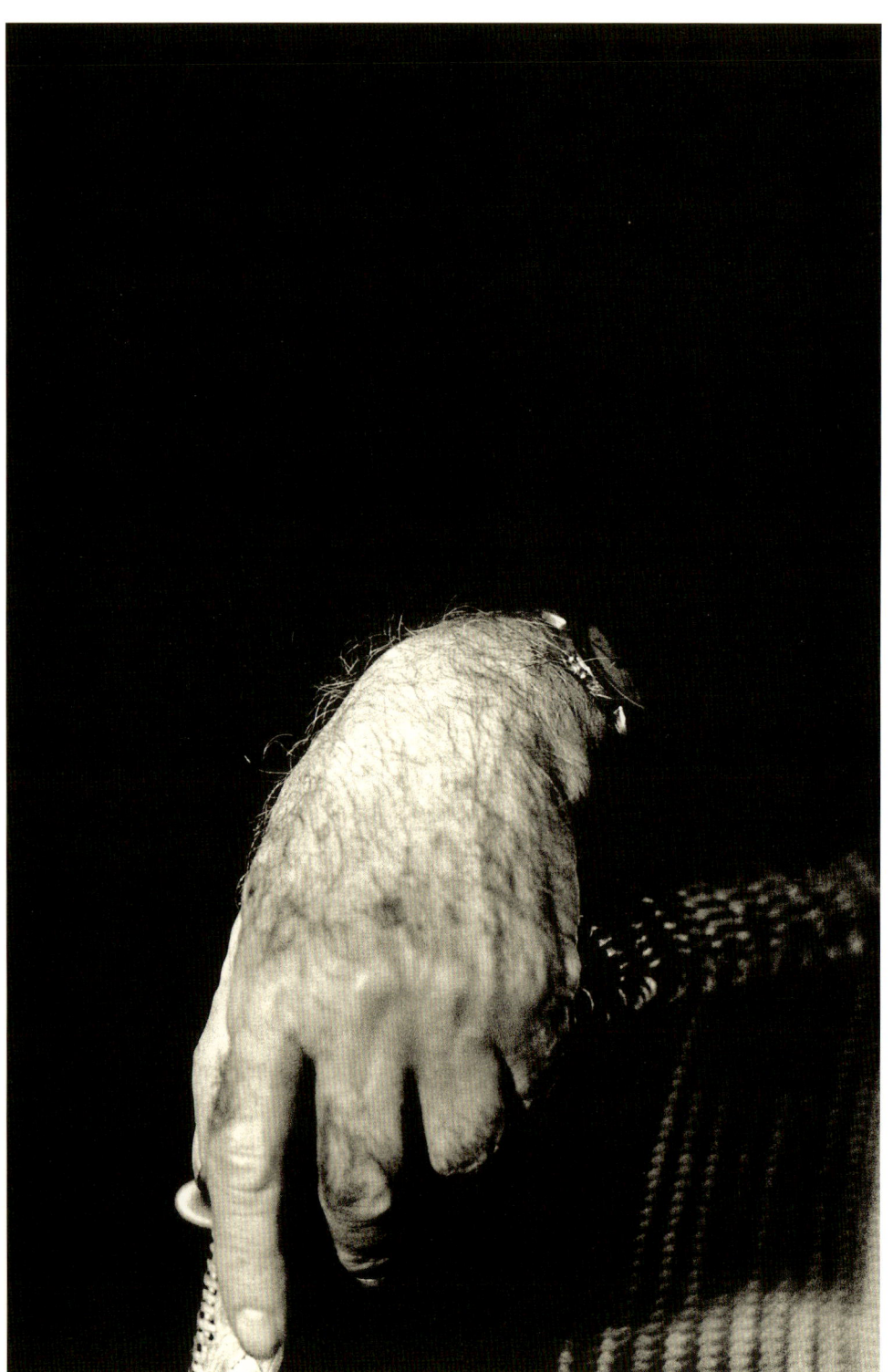

Edgar Hilsenrath

Schriftsteller

Herr Hilsenrath, leben Sie mit Deutschland, gegen Deutschland oder abseits von Deutschland?

Das ist schwer zu beantworten. Ich bin nicht zu den Deutschen zurückgekommen, sondern zur deutschen Sprache. Ich habe ja mein ganzes Leben im Ausland gelebt, schreibe aber deutsch. Das war besonders problematisch in Amerika, weil alles englischsprachig ist, und ich musste immer gegen die fremde Sprache kämpfen, um mich nicht beeinflussen zu lassen. Und irgendwie, eines Tages, beschloss ich, in den deutschen Sprachraum zurückzukehren, der Sprache wegen.

Haben Sie als Überlebender des Holocausts niemals die deutsche Sprache auch als die Sprache Hitlers empfunden?

Nein, nie, im Gegenteil. Wir sind ja 1938 in die Bukowina ausgewandert, das war ehemaliges Österreich, das von Rumänien annektiert wurde. Und die Sprache der Bevölkerung war Deutsch – so ähnlich wie in diesem Sudetenland. Die deutsche Sprache in der Bukowina war die Sprache der Juden, weil die „Volksdeutschen" dort ziemlich abseits lebten, die Juden waren also eigentlich die Kulturträger. Die hatten auch unter Österreich dafür gesorgt, dass die deutsche Sprache in den Schulen und Universitäten durchgesetzt wurde. Die Juden in der Bukowina waren absolut deutschfreundlich. Und für mich war das unsere Sprache, und es kam mir nie in den Sinn, dass das Hitlers Sprache wäre. Die Nazis, die waren wieder ein anderes Kapitel.

Wie klang die Sprache Deutsch in den Mündern der Nazis?

In den Mündern der Nazis klang sie ziemlich dominierend und arrogant, finde ich. Und die hatten ja auch ihre eigenen Ausdrücke, die ich als eigentlich fremd empfand.

Zum Beispiel?

Die ganzen rassistischen Begriffe wie „judenrein" oder „arisch" oder weiß der Teufel was. *Das* empfand ich eher als undeutsch.

Wenn Sie sehen wie heute das Wort „Holocaust" in der deutschen Sprache verwendet wird, wie würden Sie diese Verwendung einschätzen?

Es gibt keinen richtigen Ausdruck dafür – „Genozid" könnte man sagen oder „Völkermord". Aber „Holocaust" ist kein deutsches Wort, doch es hat sich eingebürgert, und ich finde es gut.

Woran erinnern Sie sich, wenn Sie dieses Wort hören?

Natürlich an mein persönliches Schicksal. Wir lebten wie gesagt damals in der Bukowina, und die rumänischen Faschisten machten gemeinsame Sache mit Hitler-Deutschland. Am 22. Juni 1941 zum Beispiel marschierten rumänische Truppen zusammen mit den Deutschen in Russland ein, und die Rumänen hatten die Deportation aller Juden in den

annektierten Gebieten – also nicht in Zentral-Rumänien, sondern in der Bukowina und in Siebenbürgen – angeordnet. Wir wurden 1941 in Viehwaggons gepfercht und nach Russland verfrachtet, in die Süd-Ukraine, in ein Gebiet namens Transnistrien, jenseits des Dnjestr. Und das war unter rumänischer Verwaltung! Die Deutschen mischten sich dort nicht ein, höchstens indirekt. Wir kamen dann dort in einem vom Krieg zerstörten Gebiet an, und die Rumänen gründeten in den großen ukrainischen Städten Ghettos. Unser Ghetto war hermetisch abgeriegelt von der Außenwelt, da kamen keine Lebensmittel rein, und die Leute verhungerten. Hunderttausend sind verhungert. Es gab ja keine Wohnungen und nichts, wir lebten zu fünfzig in einem Quartier. Und es brach Typhus aus, und daran sind die meisten zugrunde gegangen. Die Rumänen haben auch Einzeltransporte über den Bug abgeschoben, der die Grenze nach Transnistrien darstellte. Jenseits davon war die SS zuständig für dieses Gebiet. Die Rumänen versuchten, einen Teil ihrer Juden den Nazis zuzuschieben, und die SS übernahm sie dann auch und hat sie gleich erschossen. Wir hatten Glück und waren nicht bei den Transporten dabei, die über den Bug abgeschoben wurden, sondern konnten im Ghetto bleiben, und zwar in der Stadt Moghilev-Podolsk am Dnjestr, wo wir drei Jahre im Ghetto überlebten. Fast drei Jahre – vom Herbst 1941 bis zum Frühjahr 1944. Im Frühjahr 1944 marschierten die Russen ein und befreiten uns. Die Russen waren auch keine angenehme Besatzungsmacht, im Gegenteil. Sie haben dann Hunderttausende von Juden nach Sibirien deportiert, als Arbeitskräfte. Es war eine schlimme Herrschaft, aber sie hatten uns wenigstens von den Nazis und von den rumänischen Faschisten befreit. Und hatten uns damit gewissermaßen das Leben gerettet. Ich bin dann 1944 zu Fuß von der Ukraine nach Rumänien zurückgegangen, bis nach Bukarest. In Bukarest kannte man mich, weil ich als Vierzehnjähriger bereits Führer in der zionistischen Bewegung bei uns in der kleinen Stadt gewesen war. Deshalb war ich unter den Ersten, die für

die Auswanderung bestimmt waren. Sie setzten mich auf einen Flüchtlingszug, der komischerweise auf dem Landweg nach Palästina fuhr – über Bulgarien, die Türkei, Syrien und Libanon. Ich kam dann Anfang 1945 in Palästina an und erlebte dort die ganzen Schreckensjahre bis 1947. Wir lebten danach drei Jahre in Lyon, bis Anfang 1951. Später bin ich nach Amerika ausgewandert und habe dann immer in New York gelebt. Mein Problem war die deutsche Sprache, weil ich immer nur deutsch geschrieben und deutsch gesprochen habe und auch keine Gelegenheit hatte, andere Sprachen richtig zu lernen, denn in Rumänien und auch in Russland war ich zu kurz. Ich hätte mich in Amerika umstellen können, aber ich habe die englische Sprache irgendwie abgewehrt und blieb beim Deutschen, denn ich hatte immer Sehnsucht nach meiner Sprache. Anfang 1975, nein, Ende 1975 bin ich nach Deutschland ausgewandert – sozusagen – und wählte Berlin als meinen Wohnsitz. Berlin war damals die einzige Stadt in Deutschland, die noch in einem Kessel war, mit einer Mauer drum. Berlin war nicht so deutsch wie die anderen Städte, mehr oder weniger international. Und so habe ich beschlossen, in Berlin zu bleiben – und lebe dort immer noch.

Als Sie „Mein Kampf" gelesen haben: Was löste es aus?

Ich habe dieses Buch mit völligem Unglauben gelesen, ich habe gedacht: So ein Quatsch! Wie kann einer so etwas schreiben? Und es hat mich natürlich nicht überzeugt, aber es war schon gut, dass ich es gelesen habe.

Sie sind 1975 nach Deutschland zurückgekommen. Wie war die Situation des Grenzübertritts?

Ich war schon vorher einmal in Deutschland. Als ich ankam, habe ich mir gedacht: Nein, du musst wenigstens morgen früh in einer angenehmen Atmosphäre aufwachen, und bin gar nicht in München geblieben, sondern gleich nach Garmisch gefahren, Garmisch-Partenkirchen.

Ausgerechnet!

Ja, aber ich wollte in einer schönen Landschaft aufwachen und habe mir dann im Hotel *Drei Mohren* ein Zimmer mit Alpenblick gemietet und wachte frühmorgens mit dem wunderbaren Alpenblick auf, frühstückte – und genoss das sozusagen. Garmisch ist natürlich sehr bayrisch, das hat mich schon ein bisserl abgestoßen, aber ich fuhr dann nach München zu meinem Verleger. Ich habe damals „Die Nacht" herausgebracht, bei Kindler. Ich blieb sechs Monate in München und bin dann zurückgefahren. Und 1969 bin ich noch mal nach München gefahren, um „Der Nazi und der Frisör" zu schreiben.

War das so leicht für Sie, sich in Deutschland zu bewegen?

Leicht schon, aber ich hatte …

Innerlich, meine ich.

Nein, nein, ich hatte natürlich nichts vom Antisemitismus gespürt, aber ich war sehr misstrauisch den Leuten meiner Altersgruppe gegenüber oder denen, die älter waren. Ich habe mir gesagt: Na, wer weiß, vielleicht war er einer der Massenmörder? Aber man spürte sonst nichts, keinen Antisemitismus.

1975 kamen Sie nach Deutschland, um zu bleiben. Haben Sie den Deutschen in dieser Situation ihren Antifaschismus geglaubt?

Nicht wirklich. Bei den alten Leuten ist viel Heuchelei dabei. Ich habe dann sehr viele jungen Antifaschisten kennen gelernt, die wirklich überzeugt waren, die auch gegen ihre Eltern waren. Die meisten von ihnen waren natürlich Intellektuelle.

Haben Sie beim Betrachten des Landes Deutschland den Eindruck, dass fünfzig Jahre so genannter Vergangenheitsbewältigung Früchte getragen haben?

Ein bisschen schon, die sind heute nicht mehr die alten Nazis, die sie einmal waren, und es gibt sehr viele Antifaschisten, aber es ist natürlich beunruhigend, dass es hier auch so viel Rechtsradikalismus gibt.

Wird Ihr persönliches Erinnern beantwortet?

(überlegt kurz) Beantwortet nicht direkt. Viele sagen: „Wir haben nichts damit zu tun, wir wollen auch etwas ganz anderes, wir wollen nicht, dass so etwas wieder passiert." Insofern schon, aber richtig beantwortet nicht.

Fällt es Ihnen leicht, heute eine deutsche Uniform zu sehen?

Mir fällt es nicht leicht, die deutsche Nationalhymne zu hören, weil es ja dieselbe Melodie ist, die die Nazis gesungen haben. Ich sage auch immer: „Ihr habt zwar einen anderen Text genommen, die zweite Strophe oder die dritte, aber es bleibt dieselbe Melodie."

Fällt es Ihnen leicht, die Soldaten vor der Fahne salutieren zu sehen?

Nein, das nicht, aber ich sage mir, die Bundeswehr ist keine Wehrmacht.

Haben Sie Begegnungen mit der Wehrmacht gehabt, direkte?

Direkte nicht. Im Ghetto waren manchmal Wehrmachtsoldaten, die ab und zu mit mir geplaudert haben, aber das war eigentlich harmlos. Einmal wollten welche wissen, wo man hier ein Bordell findet oder wo man etwas zu essen kaufen kann. Das waren keine politischen Gespräche.

Und das hat Sie innerlich nicht aufgewühlt, als jüdischer Exilant einem deutschen Wehrmachtssoldaten und Arier gegenüber zu stehen?

Das hat mich schon aufgewühlt, aber ich habe es mir nicht anmerken lassen. Zum Beispiel hatten wir ja keine Seife, wir sprachen also oft deutsche Soldaten an, ob sie etwas gegen Seife oder irgendetwas anderes tauschen wollten. Das war der einzige Kontakt, und sie waren sehr freundlich. Bei uns im Ghetto war ja keine SS, das war rumänisches Gebiet, und es war Durchzugsgebiet für die Wehrmacht.

Wenn Sie sich heute selber beobachten: Gibt es Dinge, an denen Sie die Spuren des Ghettos noch merken?

Ich habe Alpträume nachts, ich träume oft davon, ich erlebe den Holocaust immer und immer wieder. Wobei nicht nur persönliche Erfahrungen reinspielen, ich habe ja auch viele Freunde gehabt, die erschossen wurden, oder viele, die vergast wurden. Das taucht immer wieder auf.

Gibt es etwas, das für Sie bezeichnend ist für das, was man deutsche Mentalität nennt?

Die Ampelgläubigkeit der Deutschen! Dass sie zwanzig Minuten lang vor einer roten Ampel stehen können, obwohl weit und breit kein Auto in Sicht ist, und nicht wagen, über die Straße zu gehen! Das ist nirgendwo im Ausland so, nicht mal in Amerika gibt es das, nirgendwo. Die Leute sind furchtbar autoritätsgläubig.

Gibt es ein Kunstwerk, ein Musikstück, eine Person, einen Begriff, eine Landschaft, die für Sie Deutschland repräsentieren könnten?

Ich war immer besonders begeistert von Patrick Süskinds „Parfum", doch ich würde es als kein typisch deutsches Buch bezeichnen. Er hat es zwar auf Deutsch geschrieben, aber ich finde es außergewöhnlich originell.

Harun Farocki

Regisseur

*Harun, du wurdest in der damaligen Tschechos-
lowakei, in Böhmen, im deutschen Teil, als Sohn
einer deutschen Mutter und eines indischen
Vaters muslimischen Glaubens geboren. Wann
hat sich für dich überhaupt so etwas wie der Gedanke nationaler Zugehörigkeit herausgebildet?*

Eigentlich erst später, in den Tropen. Aber auch
schon in der Zeit zwischen 1945 und 1954, als
wir Deutschland verlassen haben – wir haben
nämlich eine sehr interessante Exil-Familien-
geschichte, also nicht so idealtypisch – und
dann erst mit dem Wirtschaftswunder wieder-
gekommen sind. In den Tropen, das heißt Indien
und Indonesien, stellten sich mir dann diese
Fragen der Zugehörigkeit. Sie stellten sich durch
die völlig andere Lebensbahn – also zum Beispiel damit, dass meine Schwester in Indien auf
eine chinesische Schule gehen musste, weil es
in den Bürgerkriegswirren die einzige Möglichkeit war, überhaupt eine Schule zu besuchen.
Wir blieben nicht lange genug an dem Ort, und
so ging ich dann in Indonesien auf eine hollän-
dische Grundschule. Da stellte sich uns schon
immer die Frage: Wo ist man eigentlich her?
Weil man von den anderen immer irgendwie
abwich. Also auch von den so genannten
Kolonialherren in Indien. Auch in Indonesien
wichen wir ja noch einmal irgendwie ab.

Deutschland gegenüber hatten meine Eltern immer ein nostalgisches Gefühl, sie dachten, alles was Deutschland für sie ausgemacht hat, wäre im Krieg untergegangen, das wäre verloren, existierte nicht mehr. Aber wir wuchsen mit deutschen Liedern auf, wir bekamen auch von Verwandten diese berühmten Bücher wie „Bremen einst und heute", mit Fotos, wo alles in Trümmern liegt, aber auch mit Bildern vom Wiederaufbau. Wir kriegten das alles geschickt, aber trotzdem glaubten wir, das gäbe es gar nicht mehr, dieses Gebiet. Und ich erinnere mich sogar an einen Tag in Indonesien, als ich meine Mutter fragte: „Aber hier ist doch eine deutsche Fahne"? Und sie antwortete: „Ja, es gibt ein Gebiet in Europa, das wird so genannt, aber eigentlich existiert es nicht mehr." Meine Eltern waren von dem Zusammenbruch Deutschlands nach dem Krieg und dem Zwang, das Land verlassen zu müssen, so getroffen, dass sie einfach dessen Existenz – zumindest uns Kindern gegenüber – geleugnet haben. Mein Deutschlandbild setzte sich daher aus Geschichten aus Kinderbüchern zusammen, aus Fibeln und Liedern und sonstigem, was ich da noch alles von meinen Tanten geschickt bekam. Als wir dann Anfang der fünfziger Jahre hierher kamen, war ich richtig enttäuscht, dass die Leute nicht mit Pferdekarren herumfuhren, nicht Stiegen mit Äpfeln auf Marktständen verkauften und nicht auf Stoppelfeldern Drachen steigen liessen. In meinem Kopf war so eine Art Märchenvorkriegswelt, die auch damals wohl schon idealisiert war, wo aber zumindest noch einige Requisiten stimmten, wie der berühmte Rodler mit dem fliegenden Schal. Mit all diesen Bildern im Kopf war mir überhaupt nicht bewusst, wie städtisch Deutschland schon war und wie wenig dieses Kinderideal mit der Wirklichkeit zu tun hatte.

Du sagst, diese Bildwelt des Kindes über Deutschland, der Junge auf dem Schlitten mit dem fliegenden Schal, existierte nicht mehr, als ihr nach Deutschland kamt. War die bereits von der Ikonographie des Wirtschaftswunders überlagert, das selber schon mit gewissen Bildern identifizierbar war?

Das kam mir nicht so vor … *(überlegt)*. Als ich ein paar Jahre später anfing, ins Kino zu gehen, in solche Filme wie „Wenn die Conny mit dem Peter" mit irgendwelchen Berliner Halbstarken *(lacht)*, wurde da ja so ein Nachkriegswohlstand gezeigt. Dazu gehörte die Hollywoodschaukel und der Starmix, oder wie heiß das Ding, wo man sich die Getränke selber anfertigen musste? Das war eine Form von Lebensentwurf, der authentisch und neu war, aber auf der anderen Seite gab es auch wieder den Heimatfilm, der zeigte, dass noch längst nicht alle Leute in der Gegenwart angekommen waren, dass dieser Bruch nach dem Krieg für sie so stark gewesen ist, dass sie sich lieber auf irgendeine merkwürdige, eigentlich schon ewig nicht mehr existierende Vergangenheit einließen wie, was weiß ich: Lüneburger Heide, Förster-Geschichten und so'n Zeug, das habe ich mir als Jugendlicher im Kino ernsthaft angeguckt.

Also eine Form filmischer Selbstbestrafung: asketisch, unsinnlich, wenig erotisch …

Ja ja, das ist schon richtig *(lacht)*, das war mir nur noch nicht so richtig klar. Manchmal gingen wir aber auch mit gefälschten Schülerausweisen nachts in die Burglichtspiele, in diese amerikanischen Filme mit Paul Newman und so. Die hießen dann auch immer „Crime doesn't pay", aber bis nicht bezahlt wurde, war schon eine Menge passiert *(lacht)*. Von Verheißungen war aber auch hier keine Spur.

Wie hast du als Heranwachsender die Staatsmacht erlebt?

Man kann sich das heute kaum mehr vorstellen, diese Urteile im Zusammenhang mit dem Antikommunismus! Irgendwelche Artikel in Schülerzeitungen oder Bücher aus Ostberlin haben ja damals noch den Staatsschutz ins Haus geholt. Das war eigentlich ziemlich lächerlich. Und dann benahmen sich plötzlich ausgerechnet die Westberliner Polizisten wie die Irren. Die haben gedacht, der Feind käme aus dem Osten eingesuppt, das wären irgendwelche Leute, die mit der S-Bahn rübergeschickt wurden. Sie haben überhaupt nicht verstanden, dass das Nachbarskinder waren! Dann sagt man so ein Wort wie „historisches Niveau", und dann kommt man darauf, dass es ja die Brandt-Regierung war, die das Berufsverbot eingeführt hat *(lacht)*.

So wie der Brandt-Slogan „Mehr Demokratie wagen" ja dann auch in den Wahlkampf von Herrn Schönhuber eingegangen ist ... Ein amerikanischer Publizist hat vor kurzem geschrieben, typischer für Deutschland als die Bewegung der RAF sei der Umgang der deutschen Öffentlichkeit mit ihr gewesen, und zwar besonders die Bereitschaft, alle Rechte, für die man lange gekämpft habe – Persönlichkeitsrechte, Versammlungsfreiheit, Briefgeheimnis – in dem Augenblick sofort ad acta zu legen, wo angeblich der Staat gefährdet sei. Ist das eine präzise, eine richtige Beobachtung?

Ja, im Unterschied zu England oder Frankreich haben die Deutschen immer schon gewusst, wie man die Grundrechte aus den Angeln hebt. Die Geheimdienste, auch in den USA, haben sich natürlich schon immer darüber hinweggesetzt, aber die würden nie auf die Idee kommen, die Grundrechte massiv anzugreifen, weil sie ja historisch erstritten sind und die Erfahrung viel zu tief sitzt, so dass man sie als Leitwert

immer braucht und dahin zurückkehren muss. Ich bin in dieser Hinsicht so skeptisch geworden, weil das, was damals so wichtig war, nämlich die Notstandsgesetze, völlig in Vergessenheit geraten sind. Es ist ja fast schon umgekehrt: Diese aufmerksame, kritische Gegnerschaft ist so gut wie obsolet geworden. Man kann immer nur mit Kopfschütteln beobachten, auf welch fahrlässige Weise in unserer Demokratie mit so etwas umgegangen wird, und wenn man darauf aufmerksam macht, dann macht man sich lächerlich!

Du arbeitest im Moment an einem Film über shopping malls. *Was verrät die deutsche* shopping mall *über Deutschland?*

In Europa oder in Deutschland sind die *shopping malls* deshalb so ein interessantes Phänomen, weil man sie eigentlich nicht braucht. Die sind ja in Amerika entstanden, wo alle so tun, als wäre das Leben viel zu gefährlich und man könnte nur in Schutzräumen existieren. Ich bin daher ein bisschen überrascht, dass es hier funktioniert, aber die meisten *shopping malls* stehen ja heutzutage auch nicht mehr auf der grünen Wiese, sondern es wird ja alles in *malls* umgewandelt: Postämter, Bahnhöfe, Flughäfen, U-Bahn-Stationen – alles wird zu einer *mall*. Vor hundert Jahren gab es in den Dörfern ein Rathaus, eine Kirche, einen Friedhof und eine Schule, die den Kern bildeten, von dem aus alles sich weiterentwickelte. Und diese Initialzündung erwartet man sich heute stadtplanerisch von so einer *mall*-Initiative.

Gibt es eine Nationalsprache des Konsums?

Gute Frage. Das ist wirklich interessant. Es gibt wahrscheinlich höchstens Tonfälle, also eine Sprache, aber die mit verschiedenen Tonfällen und Akzenten.

Was repräsentiert für dich Deutschland?

Tja, man ist ja so vorsichtig geworden, sagt nicht mehr „Rasse", „Nation", sondern „Kultur", was ja auch ein merkwürdiger Begriff ist. In dem Godard-Film „Le petit soldat" sagt einer: „Ich liebe Barcelona nicht, weil es in Spanien liegt, sondern Spanien, weil es um Barcelona liegt." So ähnlich geht es mir mit Berlin, wobei ich gar nicht sagen will, das sei die tollste Stadt auf der Welt. Ich habe den größten Teil meines Lebens hier verbracht, meine wichtigsten Jahre, deshalb identifiziere ich mich ein bisschen mit Berlin – und nicht, weil es in Deutschland liegt. Es hat aber auch mit der Sprache zu tun, die deutsche Sprache schätze ich sehr.

Verwenden Sie das Wort „deutsch" als Urteil?

Manchmal ja, besonders, wenn ich mich ärgere. Ich komme ja nicht aus diesem Land, sondern lebe seit zwölf Jahren hier, und durch meine Aussprache hört man mir an, dass ich fremd bin. Und da ich so oft sagen muss, dass ich nicht aus Deutschland komme, sondern aus Rumänien, belastet mich das, vor allem, weil das immer wieder in Situationen passiert, wo ich das nicht einsehe. Also zum Beispiel in der Apotheke, wenn ich dort etwas kaufe und die Verkäuferin mal eben so nebenbei wissen will, woher ich komme. Das hat doch keinen Sinn! Es gibt zwar nichts dagegen zu sagen, aber es gibt auch nichts, was dafür spricht, und aus diesem Grund benutze ich das Wort „deutsch" am ehesten, wenn ich schimpfen will.

Herta Müller

Schriftstellerin

Für Sie würde eigentlich gelten, dass Sie – aus politischen Gründen – nicht eine, sondern viele Sprachen in einer gesprochen haben. Ich will damit sagen: Sie haben ein ganz eigenes Idiom entwickelt, das aus Dialekten besteht, aus dem von einer Minderheit in Rumänien gesprochenen Deutsch und aus dem Deutsch, das Sie hier gelernt beziehungsweise sich im Germanistik-studium erarbeitet haben.

Es gab noch eine vierte Sprache. Das Rumänische und das Hochdeutsche gab es ja noch als ideo-logische Folie durch das, was gedruckt wurde:

Frau Müller, denken Sie über das Land Deutschland überhaupt nach?

Weniger, wenn ich hier bin, als wenn ich nicht im Lande bin, und über das ganze Land denke ich auch nicht nach, sondern immer nur über einzelne Details, die einem jeden Tag so zugespielt werden: über das, was in der Zeitung steht, was in den Nachrichten gesendet wird oder was auf der Straße passiert. Oder über diesen so genannten politischen Alltag in diesem Land.

Und worauf bezieht es sich dann?

Auf „deutsch": wenn die Nachbarn unausstehlich sind, wenn wegen Winzigkeiten Streit entsteht, wenn Pingeligkeiten da sind, die nicht durch ein Gespräch auszuräumen sind, wenn jemand sofort mit dem Anwalt oder mit dem Gesetz kommt – in solchen Situationen, also in Fällen hypertropher Streitlust, benutze ich oft das Wort „deutsch".

durch Zeitungen, Rundfunk, Fernsehen, Bücher, die Sitzungssprache. Diese Ideologie lief immer sehr massiv mit, es wurde ja täglich eine Art Ideologie-Rolle in Gang gesetzt. Und das war dann auch die Sprache, die einen angeekelt hat, der man ausgewichen ist und von der man auch wusste, dass sie völlig miserabel und miss-braucht und zynisch ist. Es war immer genau umgekehrt: Das, was diese Sprache behauptet hat, war im Vergleich zur Realität der einzelnen Leute immer der blanke Zynismus. Als ich zur Schule ging, musste ich dort Deutsch lernen, weil unser Dialekt sich sehr vom Hochdeutschen unterschied. Diese Minderheit, aus der ich komme, hat das so genannte Hochdeutsche verachtet, sie haben es „herrisch" genannt, was etwas ganz Schlimmes war. Und meine Eltern fanden es gar nicht in Ordnung, wenn ich vom Kindergarten kam und sie feststellen mussten, dass ich mir das „Herrische" etwas zu gut gemerkt hatte.

Heißt das, Sie haben nicht nur auf Deutsch geschrieben, sondern Sie haben auch auf Deutsch gegen etwas geschrieben?

Ich habe meistens *gegen* etwas geschrieben. Eigentlich immer. Ich habe angefangen, gegen diese Minderheit zu schreiben, aus der ich komme, gegen diesen Ethno-Zentrismus, gegen diese Intoleranz in Bezug auf das Anderssein, gegen diese Nichtbewältigung des National-sozialismus und gegen eine unreflektierte, faschistoide Sprache, die in diesem Dialekt vorhanden ist. Natürlich ist das auch eine Attitüde – je älter ich werde, desto mehr bin ich bereit, das zuzugeben, aber es ist trotzdem sehr wichtig, gegen etwas sein zu können.

Und als Sie nach Deutschland kamen?

Als ich nach Deutschland kam, wusste ich genug. Gott sei Dank gab es in Bukarest in den letzten zehn Jahren ein Goethe-Institut! Ich kannte die Bibliothekarinnen dort, und ich habe von diesen Leuten – obwohl das nicht erlaubt war – immer den *Spiegel* und *Die Zeit* bekommen. Nicht zuletzt deswegen wusste ich ziemlich gut Bescheid über das Sozialpolitische in diesem Land. Und da war halt dieser Vertrag zwischen Deutschland und Rumänien, diese so genannte Familienzusammenführung über lange Jahre hinweg. Ich habe das eigentlich abgelehnt, ich wollte nicht zu meinem Onkel, den ich in Rumänien schon zehn Jahre nicht gesehen hatte, ich wollte ihn auch in Deutschland nicht sehen. Ich habe mich also zu diesem Familienzu-sammenführungsding nicht bekannt, sondern mich auf politische Gründe berufen. Ich hatte damit viele Schwierigkeiten in Deutschland, weil ich in keine Schublade passte. In diesem Übergangsheim, in dem ich ankam, haben sie gesagt: „Entweder Sie sind Deutsche, oder Sie sind politisch verfolgt". Ich hab geantwortet: „Ich bin beides", aber das hatten sie nicht im Formular, und ich sollte mich entscheiden, was ich bin.

Und wofür haben Sie sich entschieden?

Ich habe auf beidem bestanden, aber es hat dann sehr lange gedauert. Normalerweise haben die Leute, die aus Rumänien kamen, nach einem Viertel oder halben Jahr automatisch die deutsche Staatsbürgerschaft bekommen. Ich habe sie erst nach eineinhalb Jahren

bekommen, weil ich mich geweigert habe, mich auf mein so genanntes Deutschtum zu berufen, weil ich gesagt habe: „Das sind Fakten, ich gehöre zu der Minderheit, warum soll ich da ständig mit rumlaufen?" Ich bin nicht aus Sehnsucht zu meinem Onkel hierher gekommen, und ich bin auch nicht aus Sehnsucht zu Deutschland hierher gekommen.

Hat sich diese Sehnsucht nach Deutschland irgendwann einmal zu einem späteren Zeitpunkt eingestellt?

Nach Deutschland? Na ja, wenn ich hier bin, brauche ich sie ja nicht mehr.

Aber wenn Sie beispielsweise in Amerika unterrichteten?

Mit der Zeit ist es keine Sehnsucht mehr, aber ich wehre dieses Land ja auch nicht ab. Ich lebe ja hier. Aber ich könnte auch sagen, ich möchte nicht hier sein, sondern woanders – in Zeiten der EU ist das wahrscheinlich auch gar nicht so problematisch. Man könnte einfach seinen Koffer nehmen und sagen: „Ich stelle den Koffer nach Paris oder nach Wien oder nach London oder nach Kopenhagen." Für mich war wichtig, und das ist es seltsamerweise bis heute, dass in diesem Land die Sprache gesprochen wird, die meine Muttersprache ist. Ich bin jetzt schon so lange hier, ich bin hier zu Hause. Das bin ich auch dadurch, dass ich nach dem Sturz von Ceauşescu nach Rumänien zurückgefahren bin. Noch einmal zurückzukehren ist immer eine gute Sache, glaube ich, auch wenn das Klischee und letztlich diese Wahrheit im Kopf sitzt, dass man nicht so wiederkehrt, wie man gegangen ist. Man weiß das, man kennt das aus der Literatur, aus vielen Biographien aller Zeiten. Und dann ist man plötzlich völlig fremd. Man gehört nirgends mehr dazu, man kann nichts mehr als das Eigene betreten. Das gibt einem wahrscheinlich auch die Gewissheit, dass man in dem neuen Ort schon mehr angekommen ist, dass man da, wo man angeblich hingehört, noch einmal ankommen könnte. Ich mache da auch keinen Mythos draus. Manchmal denke ich auch, dass es sehr gut ist, einen Ort zu verlassen. Was mich wütend macht, ist die Art und Weise, wie ich ihn verlassen musste, und dass dieses Regime mich dazu gezwungen hat. Aber das Endergebnis ist nicht schlecht.

Ceaușescus Sturz war 1989. Sie kehren zurück nach Rumänien, erkennen dort, wie fremd Sie sind, und reisen nach Deutschland zurück, um dort etwas Besseres zu finden als das Land, das Ihnen Exil gegeben hat. Um jetzt im zweiten Anlauf anzukommen?

Ich war schon früher angekommen, ich habe mir das bloß nicht so klargemacht. Trotzdem dachte ich bei meiner Reise nach Rumänien, ich fahre jetzt wieder nach Hause. Aber ich bin nur mit den Füßen nach Hause gekommen, weil alles dort noch so ist, wie es war. Leider. Ich wäre lieber mit den Füßen in etwas anderes gekommen und mit dem Kopf nach Hause. Es war aber umgekehrt. Ich bin mit den Füßen in das Gewesene gekommen und mit dem Kopf nicht angekommen. Und das sehen auch die anderen so. Man ist ja nicht diejenige, die sich das klarmacht, sondern die Leute, die dageblieben sind, sehen das vor allem so. Wir müssen uns nur das Verhältnis Ost- und Westdeutschland anschauen. Die Gegangenen sind immer die Verräter, die haben die anderen im Stich gelassen. Und dieses ganze Gerede, von wegen: man geht nicht weg, man bleibt in dem Land – das ist zu allgemein. Das trifft auf die Leute in Rumänien, die dageblieben sind, genauso zu. Das ist der Grund, warum man da nicht mehr hingehört. Und dann wird einem das auch so gesagt: „Du hast sowieso nicht mehr mitzureden." Allerdings passiert mir das hier auch sehr oft. Einerseits kommt da der Vorwurf, ich würde nur und immer noch über das andere schreiben. Und andererseits, wenn ich dann in Form von Essays oder Zeitungen über hiesige Probleme schreibe oder mich irgendwo dazu äußere, dann kommt auch sehr schnell die Bemerkung, ich kennte mich

hier ja gar nicht aus, ich könne ja hier gar nicht mitreden, ich gehörte ja gar nicht richtig hierher, ich könnte die Deutschen gar nicht verstehen. Diese beiden Dinge laufen immer parallel, wie auf zwei Schienen.

Haben Sie aufgrund dieser Erfahrung das Gefühl, von Menschen im Osten Deutschlands besser verstanden zu werden als im Westen?

Nein, im Gegenteil. Ich habe zu viel über den Sozialismus gesagt. Aber der Osten ist nicht gleich Osten, es gibt auch da Leute, die diese Gesellschaft und den Sozialismus kritisch sehen und ihn auch schon seinerzeit kritisch gesehen haben. Wer den Sozialismus kritisch sieht, der sieht ihn ja nicht erst seit dem Fall der Mauer kritisch. Woher sollte das auch kommen: Wenn man sich vorher mit der ganzen Sache arrangiert hat, tut man das irgendwie auch nachher. Und diese Meinung werfen mir die Leuten in Ostdeutschland genauso vor wie die Leute in Rumänien. Ich werde im Osten nicht geliebt, es gibt dort sehr, sehr viele Leute, die mit mir nichts zu tun haben wollen. Am besten verstehe ich mich natürlich mit den Gegangenen oder denen, die gegangen wurden.

Sind die Gegangenen nicht überhaupt eigene Nationen, in Deutschland und anderswo?

Ganz bestimmt. Das merkt man auch immer wieder, wenn diese Problematik in Diskussionen zur Sprache kommt. Auch bei dieser ganzen Geschichte mit den Stasi-Akten, wer sich wie verhält und welche Argumente da kommen und von wem: Im Grunde genommen sind die, die den Sozialismus in Frage stellen, aus meiner Sicht, die, die ihn schon immer in Frage gestellt haben, und das ist die Minderheit.

Jetzt macht sich die deutsche Nation schon zum zweiten Mal daran, ihre Vergangenheit aufzuarbeiten, und das in zwei grundsätzlich verschiedenen Systemen. Haben Sie das Gefühl, dass die Deutschen in der Gedächtnisarbeit klüger sind, also schärfer, genauer, leidenschaftlicher als andere Völker?

Da ist vielleicht etwas dran. Bei der ersten Aufarbeitung nach dem Nationalsozialismus wurde ja, wie wir wissen, geschont und eingegliedert, was das Zeug hielt. Da wurde ganz schnell mal eben entnazifiziert, das ging ja bei manchen fixer als Rasieren. Es hat ja alles auch auf einer sehr theoretischen Ebene stattgefunden. Ich glaube, das hat schon einen Einfluss auf die Art und Weise, wie man heute damit umgeht. Auf Leute, die von draußen auf Deutschland sehen, muss das meiner Meinung nach schon einen akribischen Eindruck machen.

Die Leute werden immer unterstellen, dass Autoren die Sprache lieben müssen, in der sie schreiben. Lieben Sie die Sprache, in der Sie schreiben?

Ich kann mit dem Wort „Sprache" gar nicht so viel anfangen. Schon oft habe ich mich gegen diese sehr verbreitete Äußerung gewehrt, obwohl von den Emigranten während der Zeit des Nationalsozialismus das Wort „Sprache ist Heimat" geprägt wurde. Ich kann es ihnen nicht wegnehmen; wenn sie diese Täuschung brauchten, um überhaupt noch einen Halt zu haben, ist das verständlich. Aber es ist nicht wahr. Ich kann das beurteilen, weil ich mit einer Sprache, die meine Muttersprache ist, in ein anderes Land gekommen bin. Es handelt sich also um eine Sprache, die ich kenne. Und insofern hätte ich sofort hier zu Hause sein müssen, an allen Ecken und Enden. Das ist aber nicht so. Die Sprache als solche, das Wort als Klang, als Inhalt – selbstverständlich kenne ich das. Aber die Situationen machen die Sprache. Obwohl ich jedes Wort verstanden habe, habe ich trotzdem viele Situationen nicht verstanden. Ich konnte die kleinsten Dinge nicht einschätzen, sie waren mir fremd. Und wenn heutzutage Leute so etwas sagen, gerade die deutschen Autoren, entgegne ich immer: Ihr habt gut reden, ihr habt dabei immer noch ein gutes Stück Boden unter den Füßen. Ihr seid nie in der Situation gewesen, und es sieht auch nicht so aus, als kämt ihr demnächst in die Situation, dass man euch diesen Boden unter den Füßen wegziehen oder euch mit den Füßen voran von diesem Boden davontreiben würde. Ich habe bei Jorge Semprún diesen schönen Satz gelesen: „Nicht die Sprache ist Heimat, sondern Heimat ist, was gesagt wird." Ich frage mich, ob das Deutsche für jemanden, der im Nationalsozialismus verfolgt wurde, Heimat sein konnte. Oder ob etwa das Rumänische für einen Rumänen, der dort nicht leben konnte, dem man ans Leben ging, Heimat war. Sie kann umso fremder werden, je besser man sie kennt. Wenn ich die Inhalte, die in dieser Sprache gesagt werden, nicht aushalte oder wenn diese sich gegen mein Leben richten, dann wird die bekannteste Sprache das Fremdeste überhaupt. So auch die eigene Muttersprache.

Gibt es eine Situation, ein Werk, ein Objekt, das für Sie Deutschland repräsentiert oder anschaulich macht?

Etwas, von dem ich glaube, es in dieser Konsequenz noch nirgends gesehen zu haben, ist die rote Ampel: Es kommt weit und breit kein Auto, alle warten, und es geht trotzdem niemand über die Straße! Das kann ich manchmal nicht nachvollziehen. Das macht mir auch ein bisschen Angst, muss ich sagen, weil sich hierin plötzlich eine „Gehorch-Maschinerie" zeigt, die keine eigentliche Ursache hat. Es geht dabei nur um die Pflicht. Wie man im Politischen seine Pflicht erfüllen muss, so geschieht es in diesem Verharren dann auch an der Ampel. Manchmal geht es sogar noch einen Schritt weiter, und man wird beschimpft, wenn man die Straße überquert! Und das andere, was ich sonst auch nicht kenne, sind die Obstbäume im Herbst, deren Früchte nicht gepflückt werden. Selbst in privaten Gärten hängen die Äpfel bis spät in den Winter. Niemand fasst sie an, niemand will, dass das ein Apfel ist. Man hat überhaupt keinen Bezug mehr dazu, und dabei schmecken diese kleinen schiefen Äpfel doch viel besser.

Gunter Hampel

Jazzmusiker und Komponist

Gibt es wertvolle deutsche Volksmusik?

Natürlich, natürlich! Aber nicht die, die wir aus dem Fernsehen kennen. Ich bin zum Beispiel mal mit meinem Vater in den Alpen gewesen, und da haben wir dort oben auf den Hütten, hoch oben in den Bergen, Leute mit Klarinetten und Gitarren und sonstigen Instrumenten gesehen. Die haben eine dermaßen abgefahrene Musik gespielt! Die war so richtig nah dran an dem, was wir Jazz nennen, die wissen das bloß nicht.

Hast du das Gefühl, dass die Deutschen eine eigene Form der Improvisation haben?

Im Jazzbereich war es meine Generation, die zum ersten Mal überhaupt in der Lage war, die Elemente, die aus unserem europäischen Erbe stammen, in den Prozess des Improvisierens mit einzubeziehen. Denn die Modelle, die aus Amerika gekommen sind, sind natürlich sehr afroamerikanisch gefärbt. Wenn ein Afrikaner getrommelt hat, hat er Nachrichten ans nächste Dorf weitergegeben, oder sie haben zum Ernteeinzug gerufen. So etwas Ähnliches haben wir hier auch gehabt. Und wo du jetzt von Volksmusik sprichst: Als ich angefangen habe, Musik zu machen, da habe ich auf der Kirmes gespielt! Da gibt es auch eine Tradition, die eigentlich sehr ereignisreich ist.

Spielmannszüge?

Richtig. Wir sind morgens um sechs Uhr zum Bürgermeister gegangen und haben ihn mit unseren Klarinetten und Trompeten aus dem Bett geholt. Dann sind wir zum Marktplatz gezogen und haben da ein Ständchen gespielt. Eigentlich war das Volksmusik, aber wir Kids haben da schon damals den Jazz reingebracht. Wenn die Leute einen Foxtrott tanzen wollten, haben wir eben irgendein Swing-Stück gespielt. Das war eben unsere Generation.

Begegnest du auf deinen Reisen einer Improvisation, einem Charakterzug, von dem du sagen würdest, das ist deutsch, das ist meine Herkunft, das ist Heimat?

Wenn ich spiele, bin ich mir dessen natürlich nicht bewusst. Aber wo wir beide jetzt darüber reden: Das, was mir da begegnet, ist nicht nur deutsch, sondern das bin Ich. Es ist irgendwie identisch. Eine Zeit lang gab es in der Jazzmusik diesen Trip, einen auf Afrika zu machen. Das habe ich nicht mitgemacht, sondern mir stattdessen überlegt, wenn die sich auf ihre Vergangenheit beziehen, dann muss doch auch bei mir, in meiner Vergangenheit etwas sein. Und so bin ich halt in meine Vergangenheit wieder neu eingestiegen, auch in die der klassischen Musik. Und habe plötzlich gesehen, dass unsere Musik ja genauso einen spirituellen Hintergrund hatte. Bei Johann Sebastian Bach zum Beispiel ist man sofort mit dem kirchlichen Hintergrund seiner Kompositionen konfrontiert, das war ja sein Motiv, diese Musik überhaupt zu machen. Und ich als Jazzmusiker habe gelernt, mit diesen Dingen nicht nur akademisch umzugehen, sondern sie auch beim Improvisieren mit einfließen zu lassen.

Wie reagiert ein deutsches Publikum, wenn du versuchst, es zu dirigieren?

Ich bin in der Lage, mein Orchester von den Noten abzubringen und nur durch Dirigieren bestimmte Bewegungsabläufe bei den Musikern umzusetzen. Das heißt: Ich dirigiere so, dass die Bläsergruppe in einem Kollektiv spielt, und dann improvisieren plötzlich fünf Saxophone gleichzeitig. Ein phantastisches Stimmengewirr! Als ob fünfundzwanzig Vögel im Garten säßen und gleichzeitig anfingen zu singen! Und dann drehe ich mich zum Publikum um, ohne ein Wort zu sagen, und leite die genauso ein.

Und plötzlich legen die los und machen das nach, was wir ihnen gerade auf der Bühne vorgemacht haben. Dann gebe ich einen richtigen Big-Band-Einsatz *(holt weit mit dem Arm aus)* und drehe mich wieder zum Publikum um, das dann schon ganz genau weiß, was zu tun ist. Und am Ende flechte ich alles zusammen: Das Orchester spielt und nach und nach fülle ich alles mit weiteren Einsätzen auf. Vor kurzem haben wir ein Konzert im Fußballstadion in Braunschweig vor zwölftausend Leuten gegeben. Die habe ich auch alle so richtig wie ein riesiges Orchester eingesetzt, sozusagen ein *instant composing*. Zwölftausend Kehlen waren das – also nicht irgendein stumpfsinniges Mitklat-

schen *(klatscht mit den Händen)*. Ich habe sie an dem ganzen Prozess beteiligt, ich habe sie wie ein riesiges Vogelgezwitscher in die Höhe geführt *(hebt die Arme)*, und dann habe ich sie wieder laut brüllen lassen, wie sie das sonst immer beim Fußball machen. Diese Lebendigkeit ist für mich das Tolle; wenn so ein Konzert vorbei ist, dann habe ich nicht nur meine Energie, die ich mit mir rumtrage, sondern die Energie von zwölftausend Leuten in mir.

Wenn du's nicht wüsstest, woher würdest du die Gewissheit nehmen, dass es sich hier um ein deutsches Publikum handelt?

Das ist eine gute Frage. Die Reaktionen des deutschen Publikums sind meistens gezähmter. Mit anderen Worten: Wenn ich in New York spiele – sagen wir in der *Knitting Factory*, wo hundert Leute reinpassen –, dann habe ich da hundert lebendige Leute sitzen, die „oh" machen oder „ah", die sich also irgendwie beteiligen. Und das törnt dann wiederum uns an. Hier in Deutschland warten sie, bis das Stück vorbei ist, und dann erst klatschen sie. Aber man merkt: Die waren dabei, das sind gute Zuhörer. Das darf man nicht vergessen. Meine amerikanischen Kollegen sagen oft über die Deutschen: „Die sitzen da so starr rum, da geht ja gar nichts ab!" Aber in Wirklichkeit hören die Deutschen bloß sehr gut zu. Wir hier haben oftmals Angst

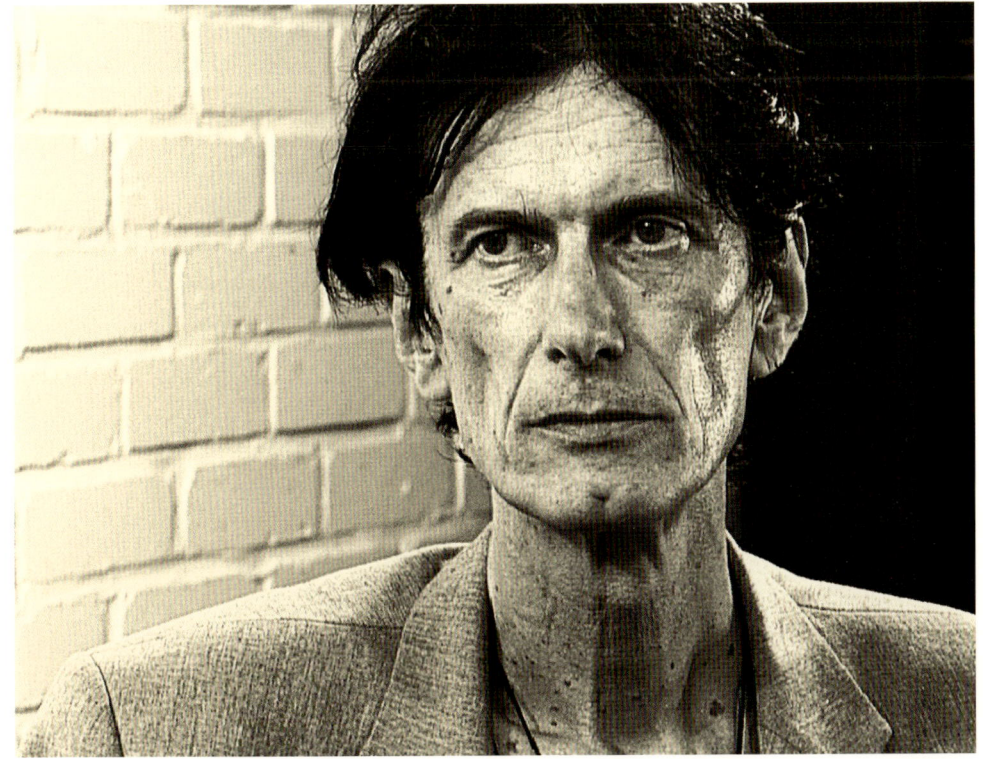

davor, uns frei zu äußern. Wir sind nicht in der Lage, unsere Gedanken, die ja doch oft sehr wertvoll sind, einem Partner oder anderen Menschen mitzuteilen. Wir sind nicht so offen wie die Italiener oder die Portugiesen oder die Amerikaner. Bei uns wird immer aus allem ein kleines Geheimnis gemacht.

Du lebst mindestens die Hälfte des Jahres in New York und die andere Hälfte teilweise in Deutschland, aber eigentlich bist du auf Tour, häufig in ganz Europa. Hast du jemals erlebt, dass du in New York als Deutscher diskriminiert wurdest?

Es ist folgendermaßen: Dadurch, dass ich Jazzmusiker bin, dass meine Frau schwarz ist und meine Kinder gemischt sind, bin ich als Deutscher tiefer in die schwarze *community* aufgenommen worden als einer der mir bekannten Menschen jemals zuvor. Ich habe so zum Beispiel festgestellt, dass die Jazzmusik dort längst nicht so eine kopflastige Geschichte ist wie bei uns. Die schwarze *community* lebt noch wie eh und je. Ganz egal, welchen Musiker man nimmt. Ich habe aber auch Probleme in Amerika. Das hat zwei Gründe: Dadurch, dass ich viel mit Schwarzen zusammen bin, habe ich mir viele ihrer Eigenarten einverleibt, weil ich auch vieles gut finde, zum Beispiel so offen zu sein wie sie. Damit ecke ich in Amerika dann aber oft bei den Weißen an! Und das andere Problem ist unsere deutsche Vergangenheit, denn in Amerika gibt es viele Juden. Der Besitzer meines Hauses ist zum Beispiel jedes Mal ein Jude – die wechseln alle zwei Jahre, die spielen da alle *Monopoly*. Wenn dann also ein neuer Vermieter kommt, will der erst mal sein Haus säubern, was bedeutet: Die Schwarzen müssen alle raus aus seinem Haus und die Deutschen müssen alle raus. Dann fühle ich mich diskriminiert! Oder einmal ist mir Folgendes passiert: Mein Sohn geht auf eine Rudolf-Steiner-Schule; auch wenn wir in Deutschland sind, wo es manchmal schon Probleme gab, weil die Deutschen mit Schwarzen eben noch nicht so gut zurechtkommen. Aber

drüben in Amerika kam er eines Tages mit einem Messer im Fuß nach Hause und war völlig tränenüberströmt. Sie hatten ihn verprügelt, ihm ein Messer in den Fuß gestoßen – und da fragt mich doch mein Sohn als Erstes: „Gunter, was ist denn ein Nazi?" Da war er gerade sieben Jahre alt! Ich bin natürlich sofort in die Schule gerannt und habe gefragt, ob wir denn nicht wenigstens an den Steiner-Schulen ein bisschen Abstand von der Vergangenheit gewinnen könnten und was denn mein Sohn, der ja auch noch schwarz sei, mit den Dingen zu tun hätte, die vor sechzig Jahren in Deutschland passiert seien. Und die Lehrer antworteten mir, sie könnten nichts dagegen tun und es sei bei den Familien, deren Verwandte in den Konzentrationslagern umgekommen seien, ja auch verständlich, dass sie ihren Kindern beibrächten, sich vor den Deutschen zu hüten.

Du hast die DDR lange vor dem Mauerfall gesehen und hast jetzt die Gelegenheit gehabt, dir die Innenstadt von Rostock anzuschauen. Zwei Länder?

Mich haben sie gleich nach der Wende hergeholt, um in Cottbus einen Workshop zu geben, also irgendwie bei diesem Neuanfang im Osten mitzuhelfen. Ich hatte noch einen afroamerikanischen Sänger und Tänzer aus New York dabei, der zu meiner Gruppe „Next Generation" gehört, und wir beide zusammen haben den Kids da Musik- und Tanzunterricht gegeben. Das würde jetzt zu weit führen, wenn ich erzählte, in welchem Zustand die alle waren, aber irgendwie haben wir es schließlich geschafft, den Kurs zu geben – alleine dadurch, dass wir sie miteinander kombiniert haben, dass sie zum ersten Mal in ihrem Leben etwas Eigenständiges machen sollten, etwas formulieren oder darstellen. Die Lehrer, die auch zuhauf ankamen, haben

gesagt, dass sie nicht wüssten, was sie mit diesen Kids machen sollten, Cottbus sei schließlich genauso anfällig für den Faschismus wie Rostock. Und während wir diesen Workshop abhielten, zog plötzlich eine Horde lärmender Leute an uns vorbei, angeführt von ein paar Faschisten aus Westdeutschland, die unsere Kids, die ja nicht wussten, was sie mit ihrem Leben anfangen sollten, schon mal auf den Faschismus-Trip bringen wollten. Es war dann doch nicht ganz so schlimm, wie wir befürchtet hatten, weil die Kids die Inhalte des Faschismus überhaupt nicht verstanden haben. Sie haben nur festgestellt, dass wir alle darüber erschrocken sind, wenn sie sich ein Hakenkreuz auf den Ärmel nähen. Und genau das wollen sie. Das will jede junge Generation.

Was repräsentiert für dich Deutschland?

In Deutschland wird immer alles sehr weit vorangetrieben. Oftmals weiter als in vielen anderen Ländern, weil wir diesen Forschergeist in uns haben. Wir sind schneller in der Lage, herauszufinden, was auf dieser Welt vor sich geht. Mehr als alle anderen Völker. Wir Deutschen haben ein großes Herz, wir haben eine Wärme in uns, um die uns die anderen beneiden. Wir sind in der Lage, freundlich zu sein, wenn wir ein bisschen aufgetaut sind, und ich glaube, dass wir es auch als Volk – um dieses Wort einmal abstrakt zu gebrauchen – fertig bringen, ein Zusammengehörigkeitsgefühl zu entwickeln. Und das sind Werte, die für uns Menschen auf diesem Planeten sehr, sehr wichtig sind.

André Wilms

Schauspieler und Regisseur

Sind Sie im Elsass zweisprachig aufgewachsen?

Nein, nicht wirklich, denn damals, als ich noch zur Schule ging, war es verboten, Deutsch zu sprechen. Wir wurden sogar bestraft, aber meine Großeltern haben trotzdem Elsässisch gesprochen. Und wenn ich heute Elsässisch rede, versteht mich auch jeder. Es ist so etwas wie eine unterdrückte Sprache, und die kommt dann wieder in mir hoch, wenn ich in Deutschland bin. Ich weiß nicht, wer gesagt hat, die französische Sprache heile alle Wunden – die deutsche Sprache ist jedenfalls dafür da, die Wunden zu vertiefen. Oder zu verschärfen. Für mich ist das so: Im Französischen denkt und spricht man im selben Moment, im Deutschen denkt man zuerst und spricht danach. Das sind zwar Allgemeinplätze, aber sie stimmen so.

Sie wurden bestraft für das Deutschsprechen?

Ja, fürs Elsässisch sprechen. Damals gab es Busse in Straßburg, auf denen stand: „C'est chic de parler français". Sie haben sogar mit Steinen nach uns geworfen! Wenn jemand einen anderen Elsässisch sprechen gehört hat: Hopp, hat er einen Stein nach ihm geworfen. In der Schule mussten wir hundert Mal schreiben: „Ich darf nicht Elsässisch in der Pause sprechen!" Und an Weihnachten gab es natürlich immer Streit in den Familien, ob man „Oh Tannenbaum" singen soll oder „O, mon beau sapin, roi des forêts". Und meine Eltern, meine Großeltern und mein Onkel haben sich immer gegenseitig an den Kopf geworfen: „Du bist ein Nazi!" – „Nein! Ich bin kein Nazi!" – „Macht wenigstens die Fenster zu, die Nachbarn brauchen das nicht mitzukriegen!". Meine Mutter hat immer geweint. Und jedes Mal, wenn sie betrunken waren, kam das Thema Deutschland–Frankreich wieder auf.

Auf welche Weise haben Sie sich das Deutsche dann angeeignet?

Einmal hab ich einen Film in Deutschland drehen müssen. In Stuttgart, die schlimmste Stadt, die es auf der Welt gibt, die langweiligste Stadt überhaupt, schrecklich! Zwei Monate allein in Stuttgart nur mit deutschen Schauspielern und einem deutschen Team – da musste ich anfangen, Deutsch zu sprechen.

Sind Sie anders, wenn Sie Deutsch sprechen?

Ja, man wird anders, wenn man mit Deutschland zu tun hat. Ich habe zum Beispiel mit Bruno Ganz zusammen ein Stück von Klaus Michael Grüber gespielt. Wir haben es zuerst auf Deutsch gespielt, in der Schaubühne, und dann auf Französisch in Paris. Bruno hat in Paris Französisch gesprochen und ich in Deutschland Deutsch. Und ich hatte Schmerzen im Mund! Im Deutschen muss man alles so genau machen, wenn man auf der Bühne spricht! Es ist alles so konkret.

Die Inszenierung von Grüber, die Sie erwähnt haben, gab Ihnen die seltene Möglichkeit, zu beurteilen, wie die Reaktion auf dasselbe Stück, dasselbe Schauspielerensemble, dieselbe Inszenierung in Frankreich und in Deutschland ist. Worin bestanden die Unterschiede?

In Frankreich ist Grüber ein Gott, verstehen Sie? Die Deutschen, so wie Edith Clever, schweben eigentlich immer ein bisschen über der Bühne. Und da schwebte plötzlich der deutsche Geist über Frankreich! Als wir jung waren, hatten wir Kollegen vom französischen Theater ein Vorbild, nämlich die Schaubühne in Berlin. Weil es da wirklich um etwas Ernsthaftes ging, verstehen Sie? Die haben ganze Bücher gelesen, bevor sie einen Satz gesagt haben! Wir in Frankreich dagegen haben einen kleinen Komplex, denn wir machen die Dinge meistens so nebenbei.

Sie meinen, die Franzosen sind zu elegant, zu oberflächlich?

Ja, zu oberflächlich. Deswegen sind wir, glaube ich, fasziniert von dieser Ehrlichkeit, von dieser Tiefe und Gründlichkeit der Deutschen. Das hat uns immer sehr beeindruckt.

Wenn Sie als Schauspieler auf die Bühne treten, woran können Sie erkennen, dass Sie ein französisches Publikum vor sich haben – im Gegensatz zu einem deutschen?

Leider gibt es fast keinen Unterschied mehr, denn es gibt fast überhaupt kein Publikum mehr, weder in Deutschland noch in Frankreich. Es sind im Grunde genommen dieselben Leute, die ins Theater gehen. Vielleicht sind die Franzosen ungeduldiger als die Deutschen, sie wollen, dass alles ein bisschen schneller geht. In Deutschland erträgt man noch die Stille, die Langsamkeit. In Frankreich sind sie schon ein bisschen mehr *MTV*-mäßig drauf. Die Deutschen haben mehr Respekt, vor einem langen Monolog zum Beispiel. In den zwanzig Jahren, in denen ich Theater mache, habe ich gemerkt, dass die Pausen immer kürzer werden müssen. Für einen Schauspieler ist es im Moment absolut revolutionär, leise zu sprechen. Die brüllen jetzt nämlich alle auf den Bühnen. Wenn man leise spricht oder wenn man Pausen macht, oder wenn man langsam ist, dann wird es im Publikum sofort unruhig. Die Langsamkeit ist jetzt revolutionär, verstehen Sie? Weil die Jungen immer sagen: „O, is it boring! O, it's shit! Dauert viel zu lange!" Das muss heute alles schnell gehen.

Gibt es das Bild vom Boche *in Frankreich noch?*

Bei meinen Großeltern und Eltern ist das noch ein bisschen so. Mein Großvater hat immer gesagt, wenn er einen Kaffee getrunken hat: „Noch einen, damit die Deutschen ihn nicht kriegen."

Haben Sie eine Vorstellung von dem, was nationale Kultur in Deutschland überhaupt sein könnte?

Peter Steins „Faust". Das ist für mich Nationalkultur. Was noch, was ist typisch deutsch? Steffi Graf vielleicht, oder Marlene Dietrich oder …

Ute Lemper wahrscheinlich auch, oder?

Ute Lemper, ja. Unsere Vorbilder waren natürlich Wim Wenders und auch Hans Jürgen Syberberg, was allerdings im Nachhinein erstaunlich ist. Ja, und Fassbinder, der war sehr, sehr beliebt hier. Und das natürlich mit Recht.

Hat der Rechtsextremismus in Frankreich ein anderes Profil als in Deutschland?

Er ist einfach stärker in Frankreich. Weil es hier keine Nazis gab, die „die Arbeit" gemacht haben *(lacht)*! Obwohl: gemacht wurde sie schon – das ist falsch, da muss man aufpassen. Nein, der Rechtsextremismus ist stärker in Frankreich, glaube ich. Man kann ganz brutal sagen, dass dreißig Prozent der französischen Bevölkerung große Sympathien für die Rechtsextremen haben.

Wird in Frankreich über den Rechtsextremismus in Deutschland berichtet?

Nein, nicht viel. Nur wenn sie mal im Osten zwei Gastarbeiter verbrennen, aber dann werden die Probleme auf den Osten reduziert. Ansonsten wird darüber nicht gesprochen. Wir haben schon genug Probleme mit unserem eigenen Rechtsextremismus.

Haben Sie so etwas wie Angst vor den Deutschen, vor der Großmannssucht der Deutschen erlebt?

Als die Wiedervereinigung stattfand, hat meine Mutter fast einen Herzinfarkt bekommen *(lacht)*. Sie hat mich um drei Uhr morgens angerufen und gesagt: „Du, jetzt wird's schlimm. Deutschland ist wieder vereinigt! Das wird schlimm …"

Und ihre Angst bezog sich wirklich darauf, die Deutschen könnten Elsass-Lothringen wiederhaben wollen?

Genau. Sie war alt, sie war über achtzig damals. Aber die Angst war noch da in ihrem Kopf.

Welches sind die Kulturträger in Deutschland, die Sie wirklich interessieren?

Im Theater waren meine Ideale zum Beispiel Leute wie Klaus Michael Grüber. Ein anderer war wohl Heiner Müller. Und zurzeit so jemand wie Jochen Gerz, als Bildhauer. In Deutschland gibt es schon tolle Künstler. Und dann bin ich immer noch Anhänger der Frankfurter Schule geblieben *(beide lachen)*, auch wenn das jetzt ein bisschen alt klingt. Ich schäme mich fast, ich kenne nur noch die Alten! Aber es gibt schon einige gute Leute unter ihnen. Im Theater von heute gibt es aber auch sehr gute Regisseure, auch junge, wie Sasha Waltz, den Ostermeier oder Marthaler. Marthaler ist doch genial, nicht? So etwas, ein Äquivalent zu Marthaler, haben wir in Frankreich nicht.

Sie haben in München auch an der Schauspielschule unterrichtet. Wie sind Ihnen die Studenten vorgekommen?

Wie in Frankreich. Genau dasselbe. Im Grunde genommen schrecklich. Sie haben kein Geschichtsbewusstsein mehr, wissen nichts mehr übers Theater, wissen überhaupt nichts mehr. Manchmal kam ich mir vor wie der Mann vom Mond. Wir sind alt, wir sind *out*. Es ist vorbei mit uns, es gib nur noch ein paar kleine Widerstandskämpfer im Keller. Aber immerhin haben die Jungen noch Hoffnung, trotz alledem, sie wollen noch kollektiv arbeiten und solche Sachen. Da war ich auch erstaunt.

Was repräsentiert für Sie Deutschland?

Deutschland ist für mich Hölderlin. Ein unheimliches Blau … *(lacht)*. Seine Worte, die Sprache – ich weiß nicht, wie er die strukturiert hat. Seine Gedichte, „Brot und Wein": Das ist für mich Deutschland.

Grace Yoon

Audio-Art-Künstlerin

Frau Yoon, was war der erste akustische Eindruck, den Sie hatten, als Sie nach Deutschland kamen?

Ruhe. Also dieser Sound. Ich habe gedacht, es müsste ruhig sein in Deutschland. In anderen Ländern sind immer Klänge.

Wenn Sie ein Klangbild von Deutschland machen müssten, wo würden Sie sich hinbewegen?

Auf eine Straße. In Deutschland gibt es, glaube ich, viele Autos. Aber noch interessanter ist das, was die Leute reden, nicht das, was man offiziell hört.

Was reden denn die Leute in Bayern – also das, was nicht offiziell gehört wird?

Ich habe gute und schlechte Erfahrungen mit Bayern gemacht. Eines Tages fahre ich auf der Straße Fahrrad, es ist ein wunderschöner, sonniger Tag, und ich stehe vor einer Ampel und gucke, ob es grün wird. Neben mir ist jemand ganz toll bayerisch angezogen, und plötzlich höre ich eine Stimme: „Leute wie die gehören ins KZ." Das war ein Schock für mich, und ich bin über die Straße gegangen und nur noch weggelaufen. Es ist schade, dass es Leute wie diese in diesem Land immer noch gibt.

Erinnern Sie sich an eine richtig gute Erfahrung?

Die gibt es hier auch. Ich bin hier, weil ich viele tolle Sachen im Rahmen meiner Arbeit machen kann. Ich glaube, Deutschland ist das einzige Land in Europa oder in der ganzen Welt, wo so genannte Akustik-Kunst oder Radiokunst immer noch sehr viel Platz einnimmt. In dieser immer mehr auf optische Reize konzentrierten Welt, wo überall nur Monitore und Fernseher sind, ist das ungewöhnlich.

Haben Sie das Gefühl, dass die Sensibilität für Klänge in Deutschland stärker ausgebildet ist als anderswo?

Nein, ich glaube, das liegt in der Tradition hier, es gibt ja so etwas wie konkrete Poesie hier, also Laut-Dichtung, das kommt in anderen Ländern weit weniger vor.

Erinnern Sie sich, was Sie empfunden haben, als Sie zum ersten Mal Deutschland betreten haben?

Das war ein Wort. Ich bin damals von London nach Stuttgart gekommen, und auf einmal habe ich ein merkwürdiges Wort gehört, und ich habe gefragt: „Was ist denn das? Das klingt toll!" Es war so etwas wie „heiliger Sack" *(lacht)*. „Heiliger Sack", „Strohsack" – das klingt doch einfach toll!

Gibt es andere Wörter, die gut klingen oder die in Ihren Ohren gut geklungen haben, ohne dass Sie wussten, was sie bedeuten?

„Gspusi" … Kennen Sie das?

Ja, das bedeutet „Geliebter", „Freund".

Ich finde eigentlich diesen Dialekt ganz hübsch, die Sprache als Klänge.

Was war es, was Sie an den Deutschen befremdet hat, als Sie das Land kennen lernten? Was war Ihnen schwer verständlich?

Die Leute lachen hier nicht. Dafür schauen sie dir in die Augen, das ist toll. Natürlich sind nicht alle Deutschen so. Ich glaube, das hängt von der jeweiligen sozialen Umgebung ab, in der man sich bewegt. Ich glaube, als Ausländerin habe ich in Deutschland eine Art Exoten-Bonus. Ich genieße dieses Land, ich bin froh, dass ich hier bin, ich kann viel von meiner Kreativität hier ausüben.

Haben Sie etwas besonders lieben gelernt, hier in Deutschland?

Die Sprache – obwohl ich sie noch immer nicht richtig beherrsche, aber ich finde die deutsche Sprache eine sehr schöne Sprache und eine sehr genaue Sprache. Es gibt viele große Philosophen und Schriftsteller hier. Ich kenne einen tollen Satz, vielmehr einen Satz, den ich gerne zitiere: „Nicht sehen trennt den Menschen von Dingen. Nicht hören trennt den Menschen vom Menschen." Das finde ich toll, das ist von Kant.

Das beschreibt den Ansatz Ihrer Arbeit gut.

Das ist Weltanschauung – oder Weltanhörung.

Wo gehen Sie hin, wenn Sie dieses Land kennen lernen wollen? Wo suchen Sie Deutschland?

Überall. Ich glaube, da gibt es nicht den einen Ort. Manchmal, wenn ich irgendwo bin, sagen die Leute zu mir: „Warum hast du so komische Augen?" Und dann antworte ich: „Schaut euch die anderen Europäer an, den Rest der Welt."

Haben Sie sich in Deutschland Sehenswürdigkeiten angesehen?

Ja, Deutschland ist ein wunderschöner grüner Dschungel. Es ist so grün hier! So viele verschiedene grüne Farben. Es hat ein bisschen Ähnlichkeit mit Korea, wo ich herkomme. Es gibt einige Parallelen zwischen Deutschland und Korea. Ob das Ost-West ist oder Nord-Süd, aber ich komme aus der Mitte, daher kann ich alles sehen.

Wenn Sie ähnliche Bedingungen für Ihre Arbeit finden würden, würden Sie diese Arbeit statt in Deutschland auch in Amerika oder in Frankreich machen?

Ich war in Amerika, ich war immer wieder in Korea, ich kann eigentlich überall meine Arbeit machen, aber ich bin hier, weil ich hier eine deutsche Familie habe. Ich habe einen deutschen Mann und ein Kind. Das ist ganz einfach.

Wie alt ist das Kind?

Einundzwanzig.

Haben Sie das Kind so erzogen, dass es Koreanisch lernt?

Ja. Eigentlich haben wir zu Hause Englisch, Koreanisch und Deutsch gesprochen, und ich habe nie gesagt: „Das muss jetzt so sein, weil es in Korea so ist." Ich kann das auch gar nicht, weil ich selber nicht so aufgewachsen bin.

Glauben Sie, dass die Generation von heute diese nationalen Grenzen gar nicht mehr hat?

Die kann sie meinetwegen haben, man muss ja nicht alles verleugnen, aber Toleranz ist ganz wichtig. Es geht hier nicht um Grenzen; der Italiener kann besser Pasta machen und der Deutsche besser Sauerkraut. Und ich finde auch, dass diese lokalen Eigenheiten bestehen bleiben sollten, wie die bayrischen „Indianer", also die Leute mit dem Gamsbart und dem Oktoberfest. Über dieses Wort haben sich viele Leute aufgeregt, dabei meine ich damit das Einheimische an ihnen, die sind nicht unzivilisiert für mich. Wenn ich sage, das sind Indianer, dann ist das für mich ein Kompliment. Aber manche Leute begreifen das nicht, die sagen: „Bei Ihnen zu Hause können Sie das sagen, aber nicht hier in unserem Land."

Das ist doch keine Diskriminierung …

Ja, das ist meine Rede, ich finde diese einheimischen, traditionellen Leute sehr wichtig. Aber man soll auch Toleranz haben. Wenn alle gleich wären, ist das doch auch langweilig, oder?

Was repräsentiert für Sie Deutschland?

Ich habe Ihnen hier etwas mitgebracht, ein Überraschungspäckchen. Das ist zwar nichts Neues, aber als ich das gehört habe, habe ich gedacht …

Jetzt bin ich aber gespannt.

Hoffentlich funktioniert es … *(lässt ein Band abspielen: Man hört eine Männerstimme einen Text rezitieren, dazu Musik).*

Enzensberger? Erstaunlich! Das ist schön. Und unterlegt mit der Nationalhymne …

Derval de Faria

Schauspieler

Herr de Faria, Sie sind 1955 nach Deutschland gekommen. Wie hat sich in all der Zeit Ihre Wahrnehmung des Landes geändert?

Das ist eine sehr komplexe Frage. Wir sind mit einer brasilianischen Balletttruppe gekommen, wir waren fünfundvierzig Leute auf der Bühne. Angefangen haben wir in Gera, also im damaligen Ostdeutschland. Für mich war das damals auch die erste Begegnung mit Schnee.

Was haben Sie dabei empfunden?

Wie er schmeckt *(lacht)*! In der DDR fielen wir als extrem exotisch auf, weil die meisten Ostdeutschen noch nie Menschen mit dunkler Hautfarbe begegnet waren. In der Truppe war ich der Hellste, die anderen Frauen und Männer waren pechschwarz und gut aussehend noch dazu. Wir haben die Städte paralysiert! Die Leute haben unsere Haut gerieben und nachgesehen, ob die Farbe abgeht. Die Vorstellungen waren ausverkauft, und die Zuschauer waren begeistert. Für mich war das eine sehr interessante Erfahrung, weil ich ihre Sprache nicht verstand und mich auf die Gebärden der Leute verlassen musste. Mit der Zeit hat sich das geändert, je besser ich Deutsch sprach, desto intensiver wurden solche Begegnungen. Der Erste, der mich ans Theater fesselte, war Gründgens. Ich habe nach Gründgens gesucht wie verrückt – monatelang, jahrelang! Eines Tages sagte sein Regieassistent Carl Fiebach, der später Intendant an verschiedenen Bühnen in Deutschland wurde: „In Ordnung, aber sei leise.

Stör die Probe nicht. Setz dich in die zwanzigste Reihe *(führt den Zeigefinger zum Mund)* – aber ganz leise! Nach der Probe kannst du mit ihm sprechen." Also schleiche ich mich im Schauspielhaus Hamburg in die zwanzigste Reihe und klappe ganz langsam den Sessel runter, und in dem Augenblick, in dem ich es mir bequem mache, dreht sich Gründgens um und sagt: „Raus!" *(lacht)*. Da wusste ich, dass ich Gründgens niemals begegnen würde. Aber ich war trotzdem fasziniert von seiner Arbeit als Schauspieler und Regisseur.

Was haben Sie an den Deutschen wahrgenommen, wie kamen die Ihnen vor?

Wir hatten bereits ein Bild von Deutschland, das von der US-Propaganda während des Krieges geschaffen worden war und die Deutschen als barbarisch und gefährlich beschrieb. Diesen Eindruck hatte ich jedoch nicht, obwohl ich sehr viel Zerstörung gesehen habe. Die Leute waren sehr freundlich und neugierig im positiven Sinn. Die Dinge hatten sich geändert. Und von dem Moment an, da ich beschloss, als Schauspieler zu arbeiten, gewann ich viel Freiheit. Das war sehr interessant.

Sie hatten Privilegien als Schauspieler.

Mir passierte etwas Interessantes, als ich mit meiner Frau in Hamburg wohnte. Wir bezogen eine sehr exklusive Wohnung nahe der Hochallee. Auf der anderen Straßenseite war ein kleiner Krämerladen. Eines Tages, es war kurz nach drei Uhr, betrat ich den Laden – und die Frau hinter dem Tresen bekam einen Schreck fürs Leben. Ich wendete mich ab und fragte, ohne sie anzuschauen, ob sie Zucker und Milch hätte und wo ich Butter fände. Dann legte ich nur das Geld auf den Tresen, nahm, was ich brauchte, und ging fort. Zu meiner Frau sagte ich: „Diese Frau hat anscheinend noch nie einen Ausländer gesehen." Irgendwann gingen meine Frau und ich einmal gemeinsam in den Laden, und am Tag danach traf meine Frau die Verkäuferin, die sie fragte: „Wer ist dieser Neger?

Woher kommt er? Was macht er?" Sie war ganz erschrocken, als sie von unserer Ehe hörte, und wollte wissen, ob meine Frau denn gar keine Angst vor mir hätte. Meine Frau antwortete: „Nein, wir haben eine zweijährige Tochter und alles ist harmonisch und friedlich." Und als die Frau nach meinem Beruf fragte und meine Frau ihr sagte, ich sei Schauspieler, zeigte sie sich plötzlich sehr interessiert und wollte vor meinem nächsten Auftritt Bescheid bekommen *(lacht)*. Ich habe mir geschworen, nie wieder einen Fuß über ihre Schwelle zu setzen. Aber irgendwann hatte ich das alles vergessen und betrat den überfüllten Laden. Die Verkäuferin unterbrach, was sie gerade tat, und sagte zu den anderen Kunden: „Es tut mir Leid, aber ich muss Herrn de Faria zuerst bedienen, weil er Schauspieler ist und deshalb wenig Zeit hat." *(lacht herzlich)*. Da habe ich mir gesagt: Noch ein Grund, den Laden nie wieder zu betreten.

Haben Sie das Zusammenwachsen zwischen Ost und West aus der Nähe beobachtet?

Als Student wohnte ich in Westberlin, absolvierte aber alle meine Praktika in Ostberlin – an Theatern wie der Komischen Oper unter Felsenstein, dem Deutschen Theater, dem Berliner Ensemble mit Helene Weigel. Danach wurde ich als Sänger für das ostdeutsche Fernsehen engagiert. Ich war praktisch ein Gast der ostdeutschen Regierung und residierte im *Hotel Johanneshof*, das zu der Zeit Ostberlins erste Adresse für Politiker gewesen ist. Dort bewohnte ich eine Suite, während ich in meinem Westberliner Studentenheim lediglich ein Bett besessen hatte. Ich habe mich immer gefragt, weshalb ich auf kommunistischem Territorium wie ein Kapitalist lebte, mit Geld und Luxus, in der kapitalistischen Welt aber wie ein armer Schlucker. Sehr merkwürdig!

Haben Sie jemals Heimweh nach Deutschland gehabt, obwohl Sie in Brasilien geboren wurden?

Ja. Es ist lustig, aber wahr. Wenn ich in Brasilien bin, sehne ich mich schon nach kurzer Zeit wieder nach Deutschland. Brasilien ist in seinem kulturellen Angebot sehr beschränkt. Es beschränkt sich auf Fußball und Fernsehen, und eine Sendung läuft neun Stunden am Stück. Ich mag das nicht. Aber wenn ich dann wieder in Deutschland bin, sehne ich mich nach Brasilien, was ich recht merkwürdig finde. Es ist eine emphatische Sehnsucht. Ich rieche plötzlich Blumen, Gemüse und Früchte, von denen ich weiß, dass ich sie in Deutschland nicht bekommen kann. Wenn ich hier Obst kaufe, könnte ich es mir in die Nasenlöcher stecken und würde noch immer nicht riechen, ob es eine Banane oder eine Orange ist. Vielleicht verlieren die Früchte ihren Geruch, weil sie zu früh gepflückt oder eingefroren werden. Wenn man in Brasilien durch eine Plantage läuft, wird einem schwindelig. Der Geruch wird mir manchmal sogar fast zu stark.

Wenn Sie einen Gegenstand, ein Werk, eine Person benennen müßten, die für Sie stellvertretend für Deutschland steht. Welche wäre das?

Das wäre Phönix für mich, eindeutig.

Warum?

Er erhebt sich aus seiner eigenen Asche. Für mich ist es allerdings nicht so sehr Phönix als vielmehr der Adler, der immer wieder aufsteigt. Das konnte ich über die Jahre mehrmals feststellen. 1955 lag ein großer Teil Deutschlands noch in Ruinen, aber Wirtschaft und Konsum entwickelten sich rapide. Sie blühten förmlich auf. Und als ich kurz nach dem Mauerfall mit meiner Freundin durch die DDR fuhr, fand ich sie so trist. Diese heruntergekommenen Häuser aus dem neunzehnten Jahrhundert waren alle total kahl, ohne jegliche Farbe und von Unkraut bewachsen. Ich dachte, es würde Jahre dauern, diese Häuser wieder in Schuss zu bringen. Irrtum! Als ich vier Jahre später noch einmal die gleiche Fahrt unternahm, habe ich die Gegend nicht wiedererkannt. Wunderschöne Paläste und gut gebaute Straßen. Es war eine Freude, in den Cafés zu sitzen, die Geschäfte anzuschauen, die Museen und Schlösser zu besuchen. Eine rasante Entwicklung hat da stattgefunden. Das ist die positive Seite der deutschen Mentalität. Sie sind sehr fleißig. Alles, was sie brauchen, ist ein bisschen Motivation, und schon steigen sie aus ihrer Asche hervor wie ein junger, starker, dynamischer Adler.

Hildegard Knef

Schauspielerin, Entertainerin, Autorin

Hilde, liebst du Deutschland?

Erst mal: ja. Und nach 'ner Weile Nachdenkens: ein bisschen. Und dann nach längerem Nachdenken würde ich wieder sagen: ja.

Das spontane Ja bezieht sich worauf?

Nun, darauf, dass ich hier zu Hause bin. Und immer zu Hause war, auch wenn ich weg war. Ich habe Versuche des Ausbrechens gemacht, die sind mir zum Teil gelungen, aber ich bin dann wieder zurückgekommen. Was war das Nächste?

Das Nächste war die leichte Skepsis, der leichte Abstand.

Ja, natürlich – die hat mich zum Beispiel einmal dazu gebracht, auszuwandern.

Was war es genau, was dich dazu gebracht hat auszuwandern?

Vor allem war es Ehrgeiz. Ich war in Deutschland berühmt, nun wollte ich es auch in Hollywood werden.

Als du in Hollywood ankamst, spielte es da überhaupt eine Rolle, dass du aus Deutschland kamst?

Oh Gott, ja. Ich konnte es noch nicht einmal erwähnen. Der PR-Mann vom Selznick-Studio hatte drei Herzinfarkte, als er mich sah, und wusste gar nicht, was er mit mir treiben sollte, er wollte mir einreden, dass ich österreichische Großeltern hatte, aber ich sagte: „Hitler war Österreicher!"
Das war ihm nicht aufgefallen, das wusste überhaupt keiner in Amerika und weiß bis jetzt keiner. Es herrschte eine solche Abneigung und Ablehnung. Außer – jetzt muss ich etwas erzählen, woran ich mich ganz plötzlich erinnere: an die Emigranten, die vor Hitler geflohen waren. Die konnten meine Generation beurteilen, sie wussten, was wir wussten, was wir nicht wussten und dass wir viel zu jung gewesen waren. Die haben mich geistig und physisch hochgepäppelt, Ludwig Marcuse zum Beispiel. Denen war ich zu dünn, also bekam ich ganze Apfeltorten, die ich nie aß. Das war ungeheuerlich. Das war eine wichtige Zeit für mich.

Sprachen die alle Deutsch, oder verweigerten sie das Deutsche?

Mit mir sprachen sie Deutsch. Sie selbst sprachen ja kaum Englisch. Ludwig Marcuse zum Beispiel war Professor an der U. C. L. A., und er erzählte mir traurig, dass seine Studenten immer einschliefen. Er war glücklich darüber, nun eine deutsche Studentin zu haben. Aber das läge wohl an seinem Akzent, meinte er. Daran lag es nicht, sondern daran, dass er eigentlich überhaupt kein Englisch sprach.

Später, viel später, hast du das Bundesverdienstkreuz in Deutschland bekommen. Was hat dir das bedeutet?

Sehr viel. Vor allem hat mir gefallen, dass es erster Klasse war. Und die Laudatio war fabelhaft, sie bezog sich darauf, was ich im Ausland für das Ansehen Deutschlands getan hatte. Das hat mich fast zu Tränen gerührt. Weil es wirklich stimmte. Aber bis dahin hatte das niemand ausgesprochen. Niemand hatte daran teilgenommen, außer den Amerikanern.

Versuche es zu beschreiben! Wie hast du geholfen, mitzuprägen, was das Ausland über Deutschland denkt?

Ein Faktor waren sicherlich die Interviews, mit Dick Cavett und David Wross zum Beispiel. Die wirklich großen Shows, die ich gemacht habe, die Talkshows. Die dauerten manchmal eineinhalb Stunden lang. Und meistens hatten die mich als einzigen Gast. Das war hart. Ich musste aufpassen. Ich habe Deutschland dabei ungeheuer verteidigt und gesagt, dass man nicht ganze Generationen dafür verantwortlich machen kann, was Hitler getan hat – und seine Anhänger. Und derer gab es zweifellos viele. Aber man kann nicht jeden Deutschen dafür verantwortlich machen, egal, ob er zu der Zeit gerade geboren wurde oder gerade starb.

Hast du in Amerika oft mit Rührung an Deutschland gedacht?

Nein, weniger mit Rührung. Ich hatte es ja selber durchgemacht. Dann müsste ich ja mit mir selbst auch sehr rührend umgehen.

Heimweh?

Manchmal. Meistens aber, wenn ich mit anderen zusammen war. Zum Beispiel, als ich mit Marlene Dietrich im Kino war, sie als Bauersfrau verkleidet. Als wir dann rauskamen, rätselten wir, wo wir wohl Palatschinken bekommen könnten. Dann haben wir mit dem Essen angefangen und gelästert über alles, was falsch war in Amerika.

Oft ist geschrieben worden, du seist aus Deutschland geflohen.

Das ist völlig falsch. Zuerst bin ich gegangen, weil ich einen Vertrag mit Selznick hatte, der damals ein riesiges Studio besaß. Dann bin ich für „Die Sünderin" zurückgekehrt. Ich hatte übrigens nicht eine einzige Zeile aus diesem herrlichen Drehbuch gelesen. Willi Forst hatte mir ein Telegramm geschickt, in dem stand: „In vierundzwanzig Stunden müssen Sie gepackt und gesattelt und gestiefelt sein und rüber kommen." Ich habe Marlene Dietrich gefragt: „Ist dem Willi Forst zu trauen?" Sie sagte: „Ja, ja. Nazi war er nicht, er war eigentlich immer ein guter Regisseur, und wenn das die Titelrolle ist, dann geh! Flieg rüber und sei tapfer!" Und so flog ich tapfer rüber und rein in die Suppe.

Du hast Mut gebraucht für den Film.

Nein, während ich ihn drehte, fand ich ihn gar nicht so anstößig. Mein Gott, nein. Heute wäre er nicht mal mehr für die Kinderstunde gefragt. Aber – es war schändlich. Viele Leute in Deutschland haben sich geradezu schändlich benommen. Einen Schauspieler für ein dämliches Drehbuch verantwortlich zu machen und plötzlich die ganze grauenhafte Vergangenheit zu vergessen, um sich an der Reinheit der deutsche Frau auszutoben, da kann ich nur sagen: nebbich!

Was hat dir die Reaktion auf „Die Sünderin" über das Land gesagt?

Man suchte Stabilität und einte sich im Hass.

Und man war verklemmt.

Unbeschreiblich, ja. Man kam von seinem Sitz nicht hoch.

Und man nahm den Film merkwürdigerweise fast wichtiger als das Dritte Reich.

Ja, leider. Erich Pommer sagte: „Bei Auschwitz hat keiner randaliert, bei der ‚Sünderin' gehen sie auf die Barrikaden." Das hat mich damals sehr schockiert, und ich widersprach ihm. Aber nach längerem Nachdenken gab ich ihm nicht ganz Unrecht.

Du gingst danach wieder nach Amerika. Auch das war keine Flucht. Warst du befreit, den Mief dieses Landes hinter dir zu lassen?

Nein, ich konnte es einfach nicht mehr ertragen, in kein Restaurant gehen zu können, ohne dass jemand sagte: „Fritz, wir gehen!", verstehst du? Also irgendeiner blökte mich immer an.

So extrem?

Es war furchtbar. Wirklich! Ich meine, ich war erst vierundzwanzig. Ich wusste überhaupt nicht, was mit mir geschah. Und niemand hatte mich darauf vorbereitet. Die Produzenten und der Regisseur scheffelten Geld, von dem sie nicht einmal geträumt hatten, und ich war der Idiot.

In deiner Freundschaft mit Henry Miller, hast du ihm da Deutschland erklären müssen? Konntest du es?

Nein, nicht wirklich. Denn er hieß eigentlich Heinrich Müller, und er kam aus Minden. Und machte darüber immer Witze. Er sprach zwar kein Deutsch, aber erklären musste ich ihm nichts. Einmal, als ich in Berlin lebte, war er vier Monate lang bei mir. Wir mieteten ein Boot, weil es ein sehr schöner Sommer war, und schipperten auf dem Wannsee herum. Und dann blieb plötzlich der Motor stehen, und wir schwankten rüber an das nächste Ufer, und da standen sie schon schussbereit, die Herrschaften von der anderen Seite, und ich brüllte nur: „Der Motor ist stehen geblieben! Ich kann hier nichts machen, überall sind Schlingpflanzen." Die richteten weiter ihre dummen Gewehre auf uns, und ich fand das so dämlich und niederträchtig – die sahen doch, in welcher Situation wir waren! Also bin ich ins Wasser gesprungen und habe die Schlingpflanzen entfernt, und wir entfleuchten. Dem Tode.

Hilde, was repräsentiert für dich Deutschland?

Das große Bemühen um Demokratie.

Die Künstler

Karan Armstrong
Opernsängerin

In Montana, USA, geboren. Ausbildung als Pianistin. 1963 Gesangsstudien in L. A. Engagement an der Metropolitan Opera, New York. 1974 europäisches Debüt in Strasbourg. Weltweite Engagements. Seit 1979 verheiratet mit Prof. Götz Friedrich, ehemals Intendant der Deutschen Oper, Berlin. 1996 Dozentin an der Hochschule der Künste in Berlin. Trägerin des Bundesverdienstkreuzes.

Tayfun Bademsoy
Schauspieler und Regisseur

1958 in der Türkei geboren. Seit 1969 in Berlin. Pantomimenausbildung in den USA. Psychologiestudium an der Technischen Universität, Berlin. Zahlreiche Auftritte in Fernseh- und Spielfilmproduktionen. Zusammenarbeit mit Wolfgang Becker, Dominik Graf und Peter Stein. Seit 1995 Regisseur von Kurzfilmen und Musikclips.

Michael Ballhaus
Director of Photography

1935 in Berlin geboren. Ausbildung als Fotograf. Kameramann beim Südwestfunk. Zusammenarbeit mit Fassbinder. 1983 Umzug nach New York. 1984 internationale Anerkennung mit Martin Scorseses „After Hours". Seitdem ca. 80 Hollywoodproduktionen, u. a. „Zeit der Unschuld", „Die Fabelhaften Baker Boys", „Dracula". Dozent an der Filmhochschule in Hamburg. Lebt mit seiner Familie in Los Angeles.

Heinz Berggruen
Autor und Kunstsammler

1915 in Berlin geboren. 1936 Emigration nach Amerika. 1942 Rückkehr nach Europa als amerikanischer Soldat, später Wohnsitz in Paris. Publizistische und erste Sammlertätigkeiten. Freundschaft mit Frida Kahlo, Tristan Tzara, Picasso. 1973 Rückkehr nach Berlin. Die Sammlung von 107 Werken der Klassischen Moderne, zunächst als Leihgabe der Stadt Berlin zur Verfügung gestellt, ging Ende 2000 in Besitz des Bundes über.

Pat Binder
Künstlerin

1960 in Buenos Aires geboren als Enkelkind deutschstämmiger Einwanderer. Kunststudium in Argentinien und Kanada. Seit 1996 freischaffende Künstlerin in Berlin. Organisatorin von Kulturaustausch im Internet. 1997 Realisierung eines Kunst-am-Bau-Projekts zum Gedenken an Käthe Kollwitz, installiert am Prenzlauer Berg.

Montserrat Caballé
Opernsängerin

1933 in Barcelona geboren. 1947 Gesangsstudium. 1953 Wanderjahre an spanischen Zarzuela-Bühnen. 1959–62 erstmals Solistin am Stadttheater Bremen. 1965 internationaler Durchbruch in New York. Schallplattenaufnahmen. Rund 90 Gesangspartien an allen großen Häusern der Welt. 1983–85 gesundheitliche Krise. 1988 Barcelona-Concert mit Freddie Mercury. Bis heute weltweit Liederabende und Konzerte.

Husam Chadat
Regisseur

1966 in Damaskus geboren. Dort Schauspiel- und Bauingenieursstudium. Seit 1993 Studium an der Filmhochschule in München. Seitdem Regisseur von Kurzspiel- und Dokumentarfilmen. 1996 *Max-Ophüls-Preis* für „Die Hochzeit".

Jo Ann Endicott
Tänzerin

1950 in Sydney geboren. Mit sieben Jahren Beginn der Ballettausbildung. 1968–72 Ensemblemitglied der Australian Ballet Company, Melbourne. 1972 Kartenverkäuferin in London. 1973 beim Training von Pina Bausch entdeckt. Bis 1987 Solotänzerin bei Pina Bausch in Wuppertal. Seit 1994 Gastauftritte. 1999 Veröffentlichung der Autobiografie.

Derval de Faria
Schauspieler

In São Paulo geboren. 1955 auf Europatournee als Tänzer eines brasilianischen Balletts. 1960 Debüt als Schauspieler am Schillertheater, Berlin. Mitte der Sechziger Sänger in ostdeutschen Fernsehshows. Theaterengagements in Paris. Solotänzer an der Opera Lyon. Seit 1968 vorwiegend in deutschen Fernsehproduktionen beschäftigt.

Harun Farocki
Regisseur

1944 in Böhmen, Tschechien, als Kind deutsch-indischer Eltern geboren. 1945–53 in Indien aufgewachsen. 1966 sog. Guerillafilme an der Filmakademie Berlin. Freundschaft zu späteren RAF-Mitgliedern. 1968 Relegation aus politischen Gründen. Seit 1993 Professur in Berkeley. Filme u. a.: „Zwischen zwei Kriegen", „Leben BRD", „Arbeiter verlassen die Fabrik", „Stillleben".

Flatz
Cross-over-Künstler

1952 in Österreich geboren. Studium der Goldschmiedekunst, des Metalldesigns und der Malerei. 1975 nach einer Kunst-Aktion Einweisung in die Psychiatrie. Umzug nach München. Gastdozent in Darmstadt, Linz und Tiflis. Sein Werk umfasst Bühnenbildentwürfe, eine Operninszenierung, einen Kurzfilm, Theater- und Filmengagements, ein Popmusik-Projekt und anderes. Teilnahme an der *documenta IX* mit „Bodycheck". Seit 1989 zahlreiche Werkschauen.

Jochen Gerz
Künstler

1940 in Berlin geboren. Studium der Literatur, Sinologie und Urgeschichte in Köln, Basel und London. Seit 1966 Wohnsitz in Paris. 1967 erste Arbeiten im öffentlichen Raum. Mitte der 70er-Jahre Teilnahme an der *Biennale* und der *documenta VI*. Werke u. a.: 1986 „Mahnmal gegen Faschismus"; 1993 „Mahnmal gegen Rassismus"; 2000 „Das Geld, die Liebe, der Tod, die Freiheit ..."

Norbert Glanzberg
Komponist

1911 in Würzburg geboren. Ausbildung als Pianist und Komponist. Filmkomponist bei der Ufa. 1938 Flucht nach Paris. 1940 Flucht nach Marseille. Konzertpianist von Edith Piaf. Kompositionen für Tino Rossi, Yves Montand, Edith Piaf. 1943 Inhaftierung. Entgeht mehrmals knapp der Deportation. Seit 1945 in Paris. Galt bis 1982 als verschollen. Gibt 1997 ein Konzert in Würzburg.

Gunter Hampel
Jazzmusiker und Komponist

1937 in Göttingen geboren. Mit 16 erste Bandgründung. Architektur- und Schlagzeugstudium. Ab 1958 Europatourneen. 1964 Gründung des Gunter Hampel-Quintetts. 1966 internationaler Durchbruch. 1969 Gründung eines eigenen Labels. Umzug von Paris nach New York. 1995 Gründung der Hip-Hop-Jazz-Band Next Generation.

Herbie Hancock
Jazzmusiker

1940 in Chicago geboren. 1960 Debüt als klassischer Pianist. 1963–68 Mitglied des Miles Davis Quintetts. 1968 Gründung der Band Headhunters. Hits u. a. „Watermelon Man", „Rockit", „Cantaloop", „Dis Is Da Drum". Soundtracks für „Colors", „Harlem Nights" u. a. Gewann u. a. sechs *Grammys* und einen *Oscar*.

Edgar Hilsenrath
Schriftsteller

1926 in Leipzig geboren. 1938 Flucht nach Rumänien. 1942 Deportation in ein ukrainisches Ghetto. 1944 Flucht nach Palästina. 1951 Emigration nach Amerika. Seit 1975 fester Wohnsitz in Berlin. Seit 1989 Veröffentlichung autobiografischer Romane und Satiren. Preise u. a.: *Alfred-Döblin-Preis, Hans-Sahl-Preis*.

Ismael Ivo
Tänzer und Choreograf

Am Stadtrand von São Paulo geboren. Tanz- und Schauspielstudium in New York. Anschließend auf Welttournee mit einem Soloprogramm. Seit 1985 fester Wohnsitz in Berlin. 1996 bis 2000 Chefchoreograf am Nationaltheater Weimar. Er arbeitete u. a. mit George Tabori, Johann Kresnik und Marcia Haydée.

Hildegard Knef
Schauspielerin, Entertainerin, Autorin

1925 in Ulm geboren. Ausbildung in Babelsberg. 1944 erste Filmrolle. 1947–50 Aufenthalt in L. A. Löst 1950 mit „Die Sünderin" einen Skandal aus. 1954 -56 Engagement am Broadway. Seit 1963 Plattenaufnahmen. Seit 1970 Veröffentlichung autobiografischer Romane, u. a. „Der geschenkte Gaul". 1983–89 Wohnsitz in L. A. Trägerin des Bundesverdienstkreuzes. Ehrenbotschafterin von Potsdam.

German Kral
Regisseur

1968 in Buenos Aires geboren. Dort Fotografie- und Ethnologiestudium. 1991 Reise nach Deutschland, um Film zu studieren. Seit 1992 Regiestudium in München. Seitdem Realisation von sieben Dokumentarfilmen. Preise aus Japan, Italien, Rumänien.

Ute Lemper
Sängerin und Schauspielerin

1963 in Münster geboren. Tanz- und Schauspielausbildung in Köln und Wien. Musical-Star in „Cats", „Cabaret", „Der Blaue Engel" u. a. Mit Soloauftritten mehrfach auf weltweiter Tournee. Als Schauspielerin Zusammenarbeit mit Peter Greenaway, Robert Altman u. a. Als Sängerin Zusammenarbeit mit Kent Nagano, Michael Nyman, Nick Cave u. a. Lebt nach Stationen in Paris und London heute in New York.

Daniel Libeskind
Architekt

1946 in Lodz / Polen geboren. 1957 Emigration nach Israel, dort Musikstudium. 1960 Übersiedelung nach New York. Malerei-, Mathematik- und Architekturstudium. Seit 1989 in Berlin. Gastdozent an Universitäten in der ganzen Welt. Sein Werk wird in zahlreichen Ausstellungen gezeigt. Er gilt als der „Metaphysiker der Gegenwartsarchitektur". Das Jüdische Museum in Berlin ist sein erstes großes Architektur-Projekt, das realisiert wurde.

Herta Müller
Schriftstellerin

1953 in Rumänien geboren als Angehörige einer deutschen Minderheit. Nach dem Studium der Germanistik und Rumänistik Veröffentlichung erster eigener Texte. 1985 Publikationsverbot. 1987 Ausreise nach Deutschland aus politischen Gründen. Ihre Bücher wurden in 17 Sprachen übersetzt. Sie erhielt u. a. den *Deutschen Kritiker-* und den *Franz-Kafka-Literaturpreis*.

Kent Nagano
Dirigent

1951 in Kalifornien geboren. Jurastudium. Ab 1977 Studium der Komposition und Orchesterleitung, u. a. bei Leonard Bernstein und Pierre Boulez. 1984 erste internationale Anerkennung mit Mahlers „9. Symphonie" in Boston. 1989 Chefdirigent an der Opéra Lyon. Es folgen u. a. Konzerte in Paris, Mailand, Wien, New York. 2000 Chefdirigent des Deutschen Symphonie Orchesters Berlin.

John Neumeier
Choreograf

1942 in Wisconsin, USA, geboren. Tanz- und Theater-
wissenschaftsstudium in Milwaukee. 1963 Solotänzer
bei John Cranko in Stuttgart. Erste eigene Choreografien.
1969 Ballettdirektor in Frankfurt. 1973 Ballettdirektor
an der Hamburger Staatsoper. 1989 Gründung des
Ballettzentrums John Neumeier. Träger des Bundesverdienstkreuzes.

Désirée Nosbusch
Schauspielerin und Moderatorin

1965 in Luxemburg geboren. 1977 Debüt als Radio-
moderatorin. 1980 Fernsehmoderatorin, u. a. für
Musicbox. Schauspielausbildung in New York. Seit
1981 Engagements in europäischen Film- und Fernsehproduktionen. 1984 Moderatorin des *Grand Prix
Eurovision de la Chanson* u. a. Emigration nach Los
Angeles. 1987 Hauptrolle in „Hollywood Babylon"
von den Gebrüdern Taviani.

Minh Khai Phan Thi
Moderatorin und Schauspielerin

1974 in Darmstadt als Kind vietnamesischer Emigranten
geboren. Nach kurzer Modeltätigkeit Moderatorin vor
allem für *VIVA* und *VIVA II*, u. a. „Minh Khai & Friends".
Hielt an der Seite von Joschka Fischer die Rede zur
Lichterkette in Berlin. Seit 1997 Hauptrollen in Fernseh-
und Spielfilmproduktionen.

Miriam Pucitta
Regisseurin

1964 in Bern als Kind italienischer Gastarbeiter geboren.
1977 Rückkehr nach Italien. Kunststudium in Florenz.
1991 Studium an der Filmhochschule in München.
Mehrere Dokumentarfilme. 1996 Theaterregie in New
York. 1997 Spielfilmproduktion „Der letzte Sommer".

Liselotte Pulver
Schauspielerin

1929 in Bern geboren, dort Ausbildung zur Schauspielerin. 1949 Engagement am Schauspielhaus Zürich.
Ab 1950 zahlreiche Rollen in europäischen Filmproduktionen. Zusammenarbeit mit Hans Albers, Billy Wilder,
Erich Maria Remarque. Filme u. a.: „Ich denke oft an
Piroschka", „Eins, zwei, drei", „Die Buddenbrooks", „Zeit
zu leben, Zeit zu sterben". Trägerin des Bundesverdienstkreuzes.

Liliana Saldaña
Tänzerin und Schauspielerin

In Chihuahua, Mexiko, geboren. Tanzstudium in
Mexico-City und Paris. 1987 Engagements bei Arianne
Mnouchkine und Peter Brook. 1988 Umzug nach Berlin.
Seit 1991 Solotänzerin bei Johann Kresnik. Seit 1994
Engagements an der Volksbühne. Seit 1997 Auftritte
in Filmproduktionen.

Volker Schlöndorff
Regisseur

1939 in Wiesbaden geboren. 1956–66 in Frankreich.
Assistent von Louis Malle. 1985–90 in den USA. Seit
1992 Geschäftsführer der Babelsberger Filmstudios.
Oscar-Preisträger und Gewinner der *Goldenen Palme* in
Cannes. Filme u. a.: „Die verlorene Ehre der Katharina
Blum", „Die Blechtrommel", „Homo Faber", „Der Unhold".

Katharina Sieverding
Künstlerin

1944 in Prag geboren. 1947 Emigration nach Castrop-
Rauxel. Seit 1963 Kunststudium in Hamburg, Düsseldorf,
New York, u. a. Meisterschülerin bei Joseph Beuys. 1977
Teilnahme an der *documenta VI*. Seit 1992 Professorin
an der Hochschule der Künste, Berlin. 1997 Teilnahme
an der *Biennale* in Venedig.

Jocelyn B. Smith
Sängerin

In Queens, New York, geboren. Klassische Gesangs-
ausbildung. 1984 auf Europatournee mit der Popband
The Platters. 1985 fester Wohnsitz in Berlin.1992 der
Durchbruch mit dem Album „Born of Music". Singt im
Duett mit Udo Jürgens, Harald Juhnke, Mikis Theodo-
rakis. Seit 1999 Vertonung zeitgenössischer Orchester-
werke.

Ferenc Snétberger
Gitarrist und Komponist

1957 in Ungarn als Sohn einer musikbegeisterten
Sinti-Familie geboren. Studium am Jazzkonservatorium
in Budapest. Tourneen durch Europa und Indien. Seit
1988 in Berlin. 1995 Komposition zum 50. Jahrestag
des Ende des Holocaust: „In memory of my people",
Konzert für Gitarre und Orchester.

Werner Spies
Ex-Museumsdirektor und Autor

1937 in Tübingen geboren. Geisteswissenschaftliche
Studien in Wien und Paris. Kritiker bei der *FAZ*. Seit
1962 Wohnsitz in Paris. Freundschaft mit Giacometti,
Max Ernst, Picasso, u. a. Verfasser zahlreicher Künstler-
Monografien. 1975 Professur in Düsseldorf. 1997
Direktor des Centre Pompidou. Träger des Bundes-
verdienstkreuzes. Ritter der Ehrenlegion.

George Tabori
Dramatiker und Regisseur

1914 in Budapest geboren. 1932 Hotellehre in Berlin.
Ab 1936 Journalist in London. 1941 Korrespondent im
Nahen Osten. 1947 Übersiedlung in die USA. Drehbuch-
autor in New York. Seit 1971 Theatermacher in Berlin,
Bremen, München, Wien. Veröffentlichungen u. a.:
„Die Kannibalen", „Die Goldberg-Variationen", „Mein
Kampf", „Jubiläum". Träger des Bundesverdienstkreuzes.
Erhielt u. a. den *Georg-Büchner-Preis*.

Helge Timmerberg
Reiseschriftsteller

1952 in einem Dorf am Teutoburger Wald geboren.
1969 Reise nach Indien. Seit 1979 Reisereportagen
für *Stern, Playboy, Wiener* u. a. Veröffentlichung des
Reiseberichts „Im Palast der gläsernen Schwäne".1985
Gründungsmitglied von *Tempo*. 1992–95 Wohnsitz in
Marrakesch. 1995/96 Wohnsitz in Havanna. Lebt zurzeit in Wien.

Grace Yoon
Audio-Art-Künstlerin

1952 in Pusan/Korea geboren. 1969–74 Studium an
der Londoner Kunstakademie. Seit 1975 Projekte in
Deutschland als Perfomance-Künstlerin und Regisseurin.
1990 künstlerische Leiterin am Werktheater Berlin. Seit
1991 Audio-Art, Autorin von Hörspielen und Radio-
Features. 1993 *Prix Futura* des *BBC*.

Wim Wenders
Regisseur

1945 in Düsseldorf geboren. 1966 Umzug nach Paris.
1967 Studium an der Hochschule für Film und
Fernsehen in München. 1978–82 Zusammenarbeit mit
Francis Ford Coppola in Los Angeles. Seit 1985
Wohnsitz in Berlin. Filme u. a.: „Summer in the City",
„Paris, Texas", „Himmel über Berlin", „Bis ans Ende der
Welt", „Buena Vista Social Club". Preise u. a.: *Goldene
Palme, Filmband in Gold*. Ehrendoktor der Sorbonne.

Vivienne Westwood
Modedesignerin

1941 in einem Dorf bei Manchester geboren. Aus-
bildung zur Grundschullehrerin. 1970 Eröffnung eines
Secondhandladens. Initiiert zusammen mit Malcolm
McLaren die Punkrock-Mode. 1990/91 *Designer of the
Year*. 1992 erste Prêt-à-porter-Kollektion in Paris. Seit
1993 Professorin an der Hochschule der Künste, Berlin.

André Wilms
Schauspieler und Regisseur

1947 in Straßburg geboren. 1962 Umzug nach Paris.
Ausbildung als Schlosser. Schauspiel-Autodidakt.
Zusammenarbeit mit Aki Kaurismäki, Claude Chabrol,
Gérard Depardieu. Filme u. a. „Das Leben der Bohème",
„Leningrad Cowboys meet Moses","Die Vorleserin".
Inszenierungen am Bayrischen Staatsschauspiel,
München. Zahlreiche Engagements an deutschen
Bühnen. 1992 *Felix* als bester europäischer Schauspieler.